知识生产的原创基地
BASE FOR ORIGINAL CREATIVE CONTENT

颉腾商业
JIE TENG BUSINESS

量化营销：决胜数据分析时代

Data-First Marketing: How To Compete and Win In the Age of Analytics

［美］珍妮特·德里斯科尔·米勒（Janet Driscoll Miller）
朱莉娅·林（Julia Lim） 著

谌飞龙 蓝金鑫 毛梦莹 译

中国广播影视出版社

图书在版编目（CIP）数据

量化营销：决胜数据分析时代 / (美) 珍妮特·德里斯科尔·米勒, (美) 朱莉娅·林著；谌飞龙, 蓝金鑫, 毛梦莹译. -- 北京：中国广播影视出版社, 2023.1

ISBN 978-7-5043-8819-3

Ⅰ. ①量… Ⅱ. ①珍… ②朱… ③谌… ④蓝… ⑤毛… Ⅲ. ①营销管理—数据处理 Ⅳ. ①F713.56

中国版本图书馆CIP数据核字(2022)第222728号

北京市版权局著作权合同登记号 图字：01-2022-6270 号

量化营销：决胜数据分析时代
[美] 珍妮特·德里斯科尔·米勒（Janet Driscoll Miller）, 朱莉娅·林（Julia Lim） 著
谌飞龙 蓝金鑫 毛梦莹 译

策　　划 颉腾文化
责任编辑 王 佳 夏妍琳
责任校对 张 哲

出版发行 中国广播影视出版社
电　　话 010-86093580 010-86093583
社　　址 北京市西城区真武庙二条 9 号
邮　　编 100045
网　　址 www.crtp.com.cn
电子信箱 crtp8@sina.com

经　　销 全国各地新华书店
印　　刷 北京市荣盛彩色印刷有限公司

开　　本 650 毫米 ×910 毫米 1/16
字　　数 152（千）字
印　　张 15
版　　次 2023 年 1 月第 1 版 2023 年 1 月第 1 次印刷

书　　号 ISBN 978-7-5043-8819-3
定　　价 79.00 元

Industry Praise | 行业赞誉

珍妮特和朱莉娅用她们的热情、才能和经验，带您领略成功的数据驱动营销策略是如何从根本上改变组织的。如果您需要可操作的建议和经得起时间考验的框架来策划、执行和评估市场活动，那么《量化营销》是一部必不可少的营销分析书籍。

——特雷莎 · 克拉克（Theresa B. Clarke）

詹姆斯麦迪逊大学（James Madison University）

学术部门负责人与营销学教授

我是一个数据狂人，创建了三家公司，都在以数据为主要准则的指导下得以成功。珍妮特和朱莉娅提供了最好的指南之一，这份指南可以帮助我们落实相关的系统并使用生成的数据来实现任一业务的盈利增长。可量化为先！

——阿尼 · 屈恩（Arnie Kuenn）

著有《内容营销：企业加速转型的 8 个步骤》（*Content Marketing Works: 8 Steps to Transform Your Business and Accelerate*）

一份详细指南，可帮助我们充分发挥公司营销数据的价值！这本由行业资深人士撰写的专著，是各大机构和公司在线市场人员的必备读物。

——蒂姆 · 阿什（Tim Ash）

著有畅销书《释放你的原始大脑》（*Unleash Your Primal Brain*）和《Landing Page 优化权威指南》（*Landing Page Optimization*），TimAsh.com 的 CEO

推荐序一 | Foreword 1

在初读这本译作时，书中的一些故事仿佛把我带回了十多年前，如 SEO 和同时优化上千个关键词等，这些不都是我所认识的那些网站站长们曾经干过的事儿吗？如今他们大多觉得自己已经“out 于时代”而隐退“江湖”了。然而时间来到 2020 年之后的美国，这样的“老故事”还能在一本有广泛读者，且名为“data–first”（数据为先）的营销类畅销书里作为“经典叙事”，又被翻译成很多语言，这引起了我很大的好奇心。

我想主要原因大概是国内外的互联网生态的差异吧。中国以外的地区（包括美国）的互联网生态，整体比较去中心化，反垄断也比较厉害。它们呈现出“人人一个域（website），互联而成网（WWW，WORLD WIDE WEB)”的特点，在互联网本源逻辑上不断进化、生长出了基于独立站的数字化经营理念、方法，如 Inbound Marketing（入站营销）、ABM、PLG(产品驱动增长)、SCRM 等 Martech（营销技术）理念与方法。同时，为独立站（官网）赋能的相关 Martech 工具、软件系统通常又由第三方 SaaS 系统来自由构建，技术成熟、安全又成本低廉。可按需订阅的软件与云服务模式，又为这些理念、方法的实践提供了可运营实操的工具、平台与系统。毕竟对任何企业来说，完全自研这样的官网与 Martech 系统几乎都是不可能完成的任务。这也是书中提到的 salesforce、hubspot 等为代表的 SaaS 模式 Martech 领域的产业公司繁荣的原因。美国企业服务领域的 SaaS 企业，TOP10 累加市值超过了万亿美元，正在帮助“一家家产业企业运行在云上”。

这些理念，虽然第一时间都被引进到了国内，但大多是“橘生淮南则为橘，生于淮北则为枳”。如有的译著把 Inbound Marketing 翻译成了“集客营销”，而国内互联网经营者普遍没有自己的拥有集客能力的站（website），那么你的客要集到哪里去呢？然后就变成了“加粉，拉客”；再比如 PLG，你在互联网上没有独立自主的“数字化存在”，平台内你的增长再大，还不是“长”到别人那里去了？

《量化营销》的理念、叙事都是从美国来的，很多人可能会如我一开始想的那样，觉得这是属于互联网的“过去式”的故事。恰恰相反，这些“故事”可能就是中国互联网下一步发展的趋势和未来。

“量化营销”其实是 LTD(lead to deal)——“从引导到成交”数字化经营方法论逻辑的美国版；是企业从战略到执行、从市场到线索、从线索到现金的全流程数字化与行为可视化的最佳诠释和实践理论；是一套非常具体的“从潜在的意向客户（线索）引导到达成交易合作，实现产品、服务交付”的数字化经营方法论。

中国的互联网生态都是中心化平台。我们学的电子商务往往是“某宝”开店，我们“互联网营销师”的职业技能培训，往往就是“某音”带货直播……然后，在没搞清楚互联网的“域”是什么的情况下，大搞所谓“私域营销”，这带给用户的是无尽反感和行业内卷。无奈，近一二十年来，我们学到的互联网知识、经验，都是互联网平台灌输给我们的，甚至人才也是它们教育培养出来的。

特定互联网平台内营销是不需要营销思想的，只有开放的互联网生态才会生长出科学的思想和方法论。

在我国互联网反垄断的背景下，在工信部已经要求互联网平台保障合法网址的相互连接与访问的举措下，谌飞龙教授等译作者，把这样一本既有互联网生态底层逻辑，又通俗易懂的好书在国内翻译出版，清晰地告诉了我们“如何打造和运营企业的数字化市场部”，进而生长出企业整体的数字化经营能力，显然能促进国内互联网生态的多样性和长久繁荣。

书中提到的营销技术堆栈，其实就是基于网站（官网）延展或对接外部系统能力形成的数字化官网的能力。因为美国互联网生态天然以网站（website）为习以为常的经营底盘，所以书中不会特地指出。

很多人也会说，国内网站没用了，其实这个观点我也非常认同。互联网发展到今天，已经完全“移动化、社交化、智能化”了，我们还停留在20世纪90年代的旧网站怎么可能会有用呢？但是，我们又大谈数字化转型升级，如果我们在数字世界都不存在，又拿什么去升级呢？所以，我们还得回到过去，那个老旧、用来当摆设的网站，它可能就是你在互联网或数字世界中唯一可以“自主控制，又能链接一切”的数字化存在的形态。我们要赶紧升级进化网站，对它进行“社交化、数据化、中台化、移动化”的新四化改造，具备“官网宣发、电子物料、链接撩客和数据中台”的四大数字化能力；以网站为技术堆栈的底座，生长出能干销售、做业务的数字化市场部，进而生长出企业无尽的数字化生产力。

建议读者朋友根据互联网基础知识和底层逻辑，在了解私域、数字化营销中台、独立站、数字化官网等名词、概念后再去阅读这本书，则任何一位认真阅读的读者都会成为本书的推荐者。

互联网世界拥有自己，你将会拥有无限的生长力量。

许远东

服役22年的互联网创业老兵

浙江电商网络有限公司、贰贰网络（集团）董事长

杭州电子商务研究院理事，原中国电子商务协会常务理事

著有《引爆私域流量，破解数字经济新商业密码》

推荐序二 | Foreword 2

“热门线索都在哪里？！”销售副总监经常这样对我大吼大叫，“这些线索非常糟糕！我们的员工无法将产品卖出去。”

我会灵活以对，比如：“你们已经有很好的线索了！你的员工在关店门时的表现才糟糕！”

在1990—2010年这段时间，我曾担任过几家上市技术公司的营销副总裁。受到涉及交接的销售过程影响，紧张气氛在这些公司很常见。市场团队提供销售线索，然后移交给销售团队，在线索消失之前，销售团队始终将其握在手里。

回想那个时候，我意识到，我所在公司的市场部门和销售部门是不同的，因为两个部门之间没有简单共同的数据目标：市场部门设有一些指标，如有多少人订阅了我们的电子邮件通讯，我们在喧闹的展台中收集了多少张名片，以及有多少新闻报道了我们公司；而销售部门的指标是根据他们签下了多少新订单以及维护了多少现有客户来衡量的。

这就像一场濒临破裂的婚姻，我们在说着不一样的语言，我们之间不存在有效的沟通，这对公司业务产生了负面影响。

我与销售副总监在紧张气氛中合作了20年，其间可供市场人员利用的数据呈爆炸式增长。我们能够衡量市场活动中的每一次点击以及社交媒体中的每一次点赞。我们可以准确地看到人们访问我们网站时的行为，还可以了解到更大的市场中正发生着什么以及知晓竞争对手们此刻的所作所为。

实际上，现成数据的爆炸式增长使得销售与市场的脱节更加严重，因为在大多数公司里，二者的分裂正在加剧。市场和销售（以及财务）的沟通依旧是鸡同鸭讲。

好消息是我们可以付诸行动来打破这种隔阂！珍妮特和朱莉娅在本书中向我们展示了如何行动。这本书让我希望能回到那个我试图与销售副总监沟通的时光。但更重要的是，这本书能够让我和财务总监、CEO及董事会说出同一种语言。

《量化营销：决胜数据分析时代》深入探讨了在全新的数据分析时代中如何去理解现代营销。珍妮特和朱莉娅向我们展示了如何创建一个流程来使整个组织围绕业务目标协同合作，使市场人员在工作上始终专注于对业务最重要的事情。

理解量化营销意味着我们的战略和战术，包括目标、活动，在整个业务中是明确定义并且可评估的。

我特别期待这本书中的想法和构思可以被公司运用，如我以前工作的那些大公司，也可以是我现在经营的只有一个人的小公司。

珍妮特和朱莉娅多年来一直都处在数据驱动营销的研究前沿，从已获得成功的从业者视角进行写作，她们所表达的这些想法和构思既实用又易于理解。

我们很快就能得到她们所提出疑问的答案："这本书提出的许多概念似乎都是常识。这些概念如此简单，为什么市场人员却没有做到呢？"虽然我们即将知晓珍妮特和朱莉娅如何回答这个问题，但我要补充另一个答案：恐惧。

在职业生涯中，我们都会面临恐惧。对那些陌生的、新鲜的、未经考验的事物感到害怕，这是人类的自然反应。

如果可量化的营销对我们来说是全新的、不熟悉的，那么害怕它是理所当然的！但是，这并不构成一个好的理由去忽略它可以成为公司的一股力量。

我们也害怕学习一门新的营销语言。打个比方，营销数据的世界中似乎到处都是三个字母的缩略词，"CNN 和 HBR 表示，B2B 企业 CMO 需要一个专注于围绕 CTR 和 CPC 的 KPI 的 PIP 来推动 ROI，但首先需要得到 CFO 和 CEO 的支持。"您能理解我刚刚编造的这句话吗？

要真正使我们和组织实现成功营销，就必须克服对新事物的恐惧。理解这本书中讲述的量化营销方法将有助于消除我们的恐惧，进而帮助我们实现和成就伟大的想法。

祝你成功，实现个人价值！

戴维·米尔曼·斯科特（David Meerman Scott）

营销策略师，企业家，11 本畅销书的作者，其中包括《粉丝效应》（*Fanocracy*）和《新规则：用社会化媒体做营销和公关》（*The New Rules of Marketing & PR*）

Translator's Preface | 译者序

量化营销创领营销新“智”序

随着户外展示广告迭代为信息流原生广告，主观经验决策升级为智能自动决策，流量获取逻辑和信息传递方式发生颠覆性创新，营销生态已经产生根本性变化。与此同时，数据、代码、算法正重构一个新的时代，营销技术（Martech）已走出实验室，在预算优化、体验升级、决策改进等营销应用中影响深远，营销分析和决策收获了迅速成长的沃土。技术升级不断适应变化的营销生态，赋能营销魔法从“神秘”逐渐走向“清晰”，量化营销浪潮已经来袭，营销力亟待全新的营销逻辑带动释放。

一直以来，企业普遍存在市场部门与销售或财务等部门脱节、营销效果评估测量困难等痛点。现今，消费者的网络在线行为产生了大量数据，数据贯穿消费者旅程与归因，基于客观信息的自动决策、市场推广的价值挖掘与呈现等营销全过程，数据承载的信息量使其成为数据分析时代下营销的第一性原理。通过多渠道数据归集、数据分类整理、数据监测与效果分析，获客、承接、转化、留存诸环节上的用户活跃度、行为、属性、购买力等全方位信息实时展现，战略、战术、活动等维度上的 ROI（投入产出比），活动中的交互动作监控后的复盘等全周期信息能够被有效洞察，量化营销助力企业实现营销科学化和市场推广价值最大化。

伴随数据驱动和精细化运营时代的到来，市场人员需要建立以数据分析指导营销决策的思维模式和工作流程，告别传统营销决策中可能出现的以偏概全、逻辑倒置等痼疾；企业组织需要创建以数据为中心的架构体系和文化观念，改变以往市场部门脱节、数据指标不同等弊病。建立起基于数据智能的量化营销，往往需要市场、IT、财务等多个部门的合作发力，整个市场团队成员的思维革新，以及贯穿营销全过程的数据收集、分析与优化，这样才能助力企业获得更科学高效的营销决策解决方案。

现实中数据驱动营销的概念和口号铺天盖地，但真正落地实操的企业寥寥无几。企业经常在形成量化营销价值的正确认知、市场部门处理海量的用户数据等方面不知所措，急需指导量化营销实操的详细指南。

营销数据的运用，直接关乎数据分析时代企业竞争的成败。为助力企业解决这些营销难题和诉求，拥有丰富数字营销实战经验的珍妮特和朱莉娅撰写此书，依托丰富的量化营销案例、专业的市场洞察以及实用又易于理解的语言，将量化营销的价值、内涵、原则、步骤和框架予以清晰阐述，从基础概念到实操系统设计，从行业趋势、营销业务流程到主要技术栈模块、数字化转型对市场人员和组织能力的要求等均有详细介绍。针对如何将数据指标的量化与组织战略有效融合，如何从众多无用数据中将有用数据分离出来，从而发现有用、有预测性的数据，剔除噪音数据，添加一些其他资源等问题给出详细解答，内容全面系统，让企业真正实现以数据驱动营销决策，帮助企业布局数据分析时代的量化营销策略。

营销市场风云变化，量化营销以全面整合消费者决策流程数据、打通营销数据隔阂的优势，真正实现数据驱动决策，重构营销新“智”序，决胜数据分析时代，成为市场工作者的又一次机遇与挑战。回应量化营销的迫切现实需求，构建起量化营销科学规范的蓝图框架，是营销研究者的共同使命。未来，数据与营销的对接及融合将会如何发展、呈现，是我们持续关注和研究的重要话题。

谌飞龙

江西财经大学工商管理学院

教授、博士生导师

前言 | Preface

珍妮特的话

在我还是个孩子的时候，我清晰地记得第一次被营销领域的职业所吸引是在 1984 年第 18 届超级碗期间，革命性的 Apple Macintosh 广告令我惊奇不已。这与我以前在电视广告中看到的完全不同。作为一名年轻的市场人员，我被苹果“Think Different”（非同凡想）的活动所吸引，这个广告活动以打破常规、鼓舞人心的历史人物为角色，如甘地、穆罕默德·阿里、约翰·列侬等。我还有一份以吉姆·汉森为主演的广告副本——这也是我一直以来最爱的广告之一。我还被耐克的“Just Do It”（只管去做）或“Stop Dreaming. Start Working”广告中启发灵感的营销信息所吸引。我的公告板上都是这些广告，我喜欢它们的创造力以及它们激励我的方式。

虽然市场营销的创造性吸引我来到了这个行业，但 20 世纪 90 年代初，市场营销开始发生巨大的转变。对我个人而言，我是在恰到好处的时候进入了营销界。1995 年，我大学毕业后接受一位朋友的邀请，入职附近的一家企业，成为某个焦点小组的一员，目的是评估一个在互联网上搜索信息的新工具。那天晚上我评估的搜索引擎是雅虎！

90 年代中期，互联网开始流行一种在网络上查找和浏览信息的新图形格式，我被它深深吸引。互联网及其 GUI（图形用户界面）为我提供了一种将创意与技术结合的方法，由此我学会了用 HTML 编程。不过，当时存在的问题是：这将如何真正应用于市场营销？那个年代并没有多少评估工具可以用来了解互联网上的营销活动是如何影响企业的，除了来自服务器日志以及类似网站日志分析工具 WebTrends 等数据处理工具的基本流量信息外，那时候的市场人员看到人们访问他们的网站会感到非常高兴。

1998 年，GoTo.com（后来更名为 Overture）创造了第一个按点击付费的广告模式，彻底改变了企业在互联网上投放广告的方式。通过这种新模式，广告商不再按展示次数付费。相反，当搜索者点击广告并因此访问广告商的网站时，广告商才根据这种点击行为付费。随着广告商和搜索引擎开始将这种广告模式应用到自有的网站中，定价模型越来越受欢迎，我作为市场人员也从更具创造性转变得更具分析性了。在网站衡量工具（如以网页模式为管理接口的主机记录文件分析工具 Urchin，即 Google Analytics 的前身）和具有相关指标的新数字广告选项（如 Google AdWords）之间，市场人员在很短的时间内就开发出了新指标，这些指标相较于印刷和电视领域的广泛测量工具，能够更好地定义营销中关键性的绩效指标，如

BPA 审计[1]或 Nielsen 数据，同时这些新指标是准确的。

我发现自己也在转变。在经历了一次被裁员，并在另一次裁员中幸存下来后，我渴望找到一种方式来证明我对所任职企业的价值。数字化营销给了我最好的机会来准确衡量我产生的影响以及我们团队所有市场工作对业务产生的影响。我开始欣然接纳数据统计，并找到了使用它们来巩固地位的方法。当我开始营销职业生涯时，我特别期望能够发挥我的艺术创造力，但我发现目前更多是在使用我的分析能力。

2005 年，我成立了自己的搜索营销机构 Search Mojo（现更名为 Marketing Mojo），该机构专注于搜索引擎优化（SEO）和付费搜索广告。我向所有来应试的客户经理的求职者提了一个共同问题："你认为自己更有创造力还是更具分析力？"当然，这个问题本质上并不存在完全正确或错误的答案，但我预计许多应届大学毕业生进入营销领域的原因与我相似。在看到企业面向消费者极具创意的广告后，他们的灵感被激发了。虽然在搜索广告中需要有一些艺术创造力，但如今发挥着更大作用的是数据分析，如果我们不喜欢电子表格和数学，可能无法借力营销的发展。

然而，我们还有很长的路要走。现如今，市场人员拥有比以往

---

① BPA（The Business of Performing Audits）是国际媒体认证机构，成立于 1931 年，是当今世界最大的媒体认证公司。它的认证对象涉及报纸、期刊、网站、数据库、无线媒体、行业会展、电子邮件通信等，国际会员包括来自 20 多个国家的 2 600 多个媒体行业的成员，2 800 个媒体购买商的成员。长期以来，许多媒介往往虚报、夸大发行量，以扩大其宣传效果。针对这一情况，该组织通过提供具有一定法律效力的权威性发行量审计报告，为客户选择媒介提供客观依据。——译者注

任何时候都丰富的可利用的数据和工具。过去 14 年中，作为 Search Mojo 的掌舵人，我见过大大小小的客户，他们往往执行较差或者无法连接数据点，从而无法提供对结果的全面理解。就在去年，一家拥有 1 500 多名员工的客户坦言，他们将收到的网站线索信息（商机）存储在电子表格中，然后把每个线索信息手动输入销售客户关系管理系统。我的天呀！

今天，我们作为市场人员可获得的信息量极其丰富。我鼓励大家能将现有的数据视为机会。我与朱莉娅一起撰写了这本书，阐明市场团队与公司其他部门之间存在的脱节，并提供建议来帮助缩小这种差距。我写这本书是为了让其他市场人员可以看到营销数据带来的价值，以巩固市场人员的职位并提高市场团队对组织的价值。我补充了许多实例来说明在组织中正确实施、使用“正确数据”时带来的巨大成功和错误。希望可以帮助你在公司中实现动态转变，并赋能你的市场团队为组织带来价值。

朱莉娅的话

凭借着工商管理硕士的身份，我加入了一家网站托管公司 [最初是 AOL（美国在线公司）的一部分]，它在 20 世纪 90 年代后期并入了 UUNET①。这个时期是成为技术营销人员的绝佳时机！我们会是真正的先驱——我们所做的一切都是首次出现的或同类型中第

① UUNET 成立于 1987 年，总部设在弗吉尼亚州北部，是第一家商业化的互联网服务提供商之一，后来成为威瑞森公司的子品牌。——译者注

一次尝鲜的。我们是首家推出主机托管服务的公司，是最早推出托管广告服务器和电子商务平台的公司之一，同时我们还主导了 Lotus Notes① 的托管市场，创造了“企业代运营”一词。我们所做的全都是开拓创新的——定义了这个非常庞大且快速增长的市场并确定了它的方向。对我来说这简直是难以超越的一段经历。

在互联网泡沫破裂的几年后，我加入了一家网络监控的初创公司。我是五号员工，也是第一个专注于营销资源的职员。尽管极度缺乏睡眠，但我喜欢这种体验。网络监控是另一个具备“待开发领域”属性的机会，不过这个说法并不是针对该市场而言，因为网络监控已经存在了一段时间，像 IBM 和惠普这样的大公司，是有机会从头开始制定营销策略、计划和流程等一切相关内容的。真正幸运的是，数字化营销不仅开始彻底改变在线接触客户的方式，还改变了我们实际可以做的事情的多少与速度。我没有官僚作风，也没有以“这就是我们一直做事的方式”的态度或文化来解决问题，我很纯粹地根据数字化营销工具和服务本身具有的优点来评估它们。这会是生成销售线索的最佳方式吗？这是我市场支出的最佳选择吗？ROI（投资回报率，或投入产出比）可不是一个“天上掉馅饼”的想法，它对像我们这样白手起家的初创公司至关重要。如果一个工具、程序或活动没有产生或执行的必要价值，我们就不会再次开展这些

① Lotus Notes 是一个世界领先的企业级通信、协同工作及 Internet/Intranet 平台，具有完善的工作流控制、数据库复制技术和可靠的安全机制。Lotus Notes 最初由莲花公司于 1989 年创建，1995 年莲花公司被 IBM 收购后，它成为 IBM 的 Lotus 开发部门，是 IBM 软件和系统组成的一部分。IBM 描述此软件为易用的，可以从单一入口访问为了使工作快速完成所需的一切，包括商业应用程序、电子邮件、日历等。——译者注

工作，因为我们没有时间或金钱可以浪费。

我在工作中不断学习，数字化营销吸引着我这个书呆子。我是公司 Salesforce.com 的管理员，负责定义每个字段的工作。我们是营销自动化的早期拓荒者，同时我还定义了 Salesforce.com 的每一个字段以及如何集成。我遇到了珍妮特，当时她才刚刚创办了自己的 SEO 营销机构（后来她还为我们公司推进数字广告提供帮助）。在我们的合作期间，她是我在新数字化营销工具真正可以做什么的探索过程中的搭档。因为我定义了所有数据字段以及销售和市场流程来确保数据运转，所以我们能够从新系统中获取 ROI 报告，由此明确应该制定哪些程序、活动和内容来实现我们的目标并做出更明智的决策。

自从有了跨多个数字化营销平台、设置 ROI 报告功能的初步经验之后，我去了另外两家拥有现成数据库和销售流程的公司，尽管基本原理一样，但我花了更多时间去评估和整理数据（整理数据占据更多时间），包括创建市场或销售数据库以及制定流程。这些实际营销活动中的流程要能够支撑数据库，只有这样，我才能真正地提取出可以展现营销价值的报告。

我了解到大多数市场人员还没有获得这些机会或学习经验，于是我对此做了详细记录。有了这样的经历和背景，我开始假设每个人都是这样认为的：

> 数据是我的朋友。我将收集尽可能多的数据，因为我不确定以后将如何使用它或对其进行过滤，我宁愿拥有数据也不愿无从对其进行分析。最后，我所做的一切都需要与公司的实际销售额挂钩。

在加入珍妮特机构的第一周后，我才突然明白这些。

在我找工作的时候，珍妮特向我伸出了援手。我之前从未在这类机构工作过，但我钦佩珍妮特的头脑以及她把事情做好的决心（我才意识到官僚主义是如何扼杀主动性的，我天真地认为每个人都希望“正确地”完成工作）。作为 Marketing Mojo 的前客户（有过两次），我是一个优质资源，可以培训团队了解客户对其 SEO 和数字广告活动的期望——至少我是这么认为的。

在培训过程中，我会特别关注“转化”。例如，我注意到 SEO 报告中的“转化”不一定是我认为的商业营销意义上的转化。这些 SEO 报告来自 Google Analytics，并与该平台中的既定目标相关联。我特意向 B2B 市场人员解释这种情况，理想状态下，“转化”不仅仅是点击或网站访问，还需要与渠道或收入相联系。接着我举例向他们表达我的想法，展示了从网站（如接收表单）到一个营销自动化平台（该平台拥有包括潜在用户活动在内的营销定义数据），再到 CRM 线索信息如何处理的过程，比如 Salesforce.com（其包含与通过表单进入的与线索相关的实际机会、渠道和收入，这些在营销自动化阶段会得到处理，最终有望实现直接销售互动）的数据流。

在我看来，这才是市场人员如何看待和评估转化的观念。

这令人崩溃。

好吧，也许没那么糟糕，但也差不多了。我被告知了一件令我吃惊的事情，我们的客户没有这样做，也有半开玩笑的评论说他们没有去过哈佛或麻省理工学院，这在过去两年通过与不同行业的多个潜在客户的互动中得到了证实。

轮到我崩溃了。其他人不这样做是什么意思？至少在一定程度上要明白推广转化必须与渠道和收入挂钩，不是吗？

为了以防万一，我在这里告诉你们，根本不必去哈佛或麻省理工学院就能够处理这样的数据，并可以运用这些数据来衡量 ROI 以及在营销中做出更明智的决策。这让我想起了电影《点球成金》（*Moneyball*）中的一个片段，里面提到统计人员被称为“螺旋桨头”或遭到类似的嘲笑。没关系，我可以承认自己是个愚蠢的人。

但我无法接受的是其他市场人员并不这么想。这是真的吗？怎么可能！鉴于数字化营销提供数据的可能性，这绝对是每个人应该发展的方向，难道不是吗？

我相信每个人都会不同程度地这样做的想法遭到打击，这是一个警钟，它敲醒了我并令我开始更加关注此事。为什么人们不这样做？这背后的真正原因是什么？我应该怎样提供帮助？

当珍妮特和我为这本书构思不同的想法时，我们一直围绕着数据、分析和 ROI 相关的主题。（量化理论与数字化营销的联系，是我投入了很多精力研究的一个有潜力的主题——这项主题真的很吸引人，也很奇怪。）

从我们开始写作到完成手稿的这段时间，这个领域发生了两起价值数十亿美元的收购事件，向我们证实了在合适的时间里它是一个正确主题。就像之前数字化营销的出现一样，营销量化分析将会给市场营销领域带来翻天覆地的变化，我们希望这本书能帮助你驾驭它。

Introduction | 导言

由于市场部门承担更多责任，市场总监一职存在不确定性

市场总监（CMO）一职正受到冲击。2019 年，弗雷斯特研究公司（Forrester）预测营销总监的职位数量会下降，并指出“2020 年标志着与营销总监相关的最后一场绝望斗争的开始”。

众所周知，有一段时间，市场总监的任期是高管中任期最短的。最重要的是，在过去几年中，一些备受关注的大型 B2C 公司，如沃尔玛、强生和麦当劳，已经完全取消了市场总监这一职位，并让前市场总监改任不太常见的角色，如首席增长官、首席营销技术官和首席客户体验官。这么做会发生什么变化呢？事实证明，几乎所有的东西都变了。

新的数字经济已经颠覆了传统的商业模式，从运输和供应链到音乐与出版发行等方面，让企业争先恐后地跟上潮流、进行创新，

否则就会落后。数字经济催生了新的行业，并从根本上改变了我们研究、购买、审查和交流的方式。在短短的几十年里，数字经济甚至主导了我们的生活方式。它改变了消费者，使他们变得更精通技术，对便捷、便利购买和个性化抱有期望，这些期望是由像亚马逊这样的公司落地实现的，此类公司每年在研发上花费数十亿美元。

普通的消费者天生就知道当今数字化营销的可能性，从定向的广告和再营销（如那些在 YouTube 上展示的产品广告）到新的视频。如果现在普通消费者都已经精通技术了，那么 CEO 和其他高管就得更加精通才行。有见识的 CEO、CFO（财务总监）和 COO（运营总监）对市场团队的领导者即市场总监要求更多，他被要求在全新的渠道中竞争，有时甚至需要创建这些渠道作为公司成长和创新的源泉。

2017 年 5 月，可口可乐任命詹鲲杰（James Quincey）为新任 CEO，他带来变革的一部分就是使全球市场总监一职消失。可口可乐的市场营销、客户服务和企业战略管理统一由新的首席增长官弗朗西斯科·克雷斯波（Francisco Crespo）领导，并向 CEO 汇报。在市场总监消失的同时，新职位——首席创新官（CIO）得到了任命，该职位开始直接向 CEO 报告，“这么做能够提高知名度并专注于公司业务各方面的数字化”。

为了增加首席增长官一职而取消市场总监这一做法实行两年后，可口可乐又恢复了市场总监的职位，但有新的期望，正如可口可乐 CEO 詹鲲杰所言：

> 在如何与消费者互动方面存在更大的交叉和整合……因此，将传统市场部门、客户部门、商业部门以及以数字参与为基础的战略部门结合在一起，能够使我们在这个新环境中更加顺利地运转。

从本质上讲，如今市场总监这一角色的不确定性反映了营销是什么与领导者认为的营销可以和应该是什么之间的差异。在数字市场竞争和获胜方面，市场领导团队面临带头为公司负责的巨大压力，短期内的任何失败，无论公平或不公平，通常都会把他们踩在脚下。市场领导团队有望应对快速变化的消费者期望，发现新的数字机会，并掌握所有可以在此过程中提供帮助的新数字技术。随着营销技术（Martech①）的持续爆炸式增长，保持住新技术的领先地位是一场持久战，再加上除此之外的其他一切因素，市场总监一职的工作变得更加艰难。

重塑市场部始于数据和分析

市场总监和市场职能部门必须重塑。如果两者自己没有这样做，那么超出其控制并且可能对其不利的事情就会发生。对那些做出改变的人来说，将迎来一个巨大的机会，并且改变是始于数据和分析的。

---

① Martech，2008 年由斯科特·布林克尔（Scott Brinker）首次提出，是营销数字化转型进程中更侧重技术的智慧营销概念，包含整个营销生态中所有跟企业营销业务相关的硬件、软件、平台和服务，如营销云、营销自动化、AD Tech、CRM、CDP、SSP、CEM 等。——译者注

那些认为该领域是相同的，数字化营销只是一组用来探索的新工具、新渠道的营销领导者，将会输给那些认为营销已经发生根本性变化的人，营销必须通过每个公司中组成营销的人员、流程和技术来运转，而这些是每家公司进行营销的要素。

感谢数字经济和蓬勃发展的营销技术，让营销有了第四个关键维度——数据，更具体地说，是指所有现代市场人员能够运用和分析的、从大量现成数据中收集的有意义信息（见图 0–1）。数据是新的营销战场，涵盖从潜在买家在社交媒体或数字资产上提供的信息，到对销售和市场业务的数据量化结果。在分析时代，这些基于企业独特业务目标而智能捕获、过滤和解释的数据可以为任何企业创造竞争优势，并展示出营销可以是什么及应该是什么的真正价值。

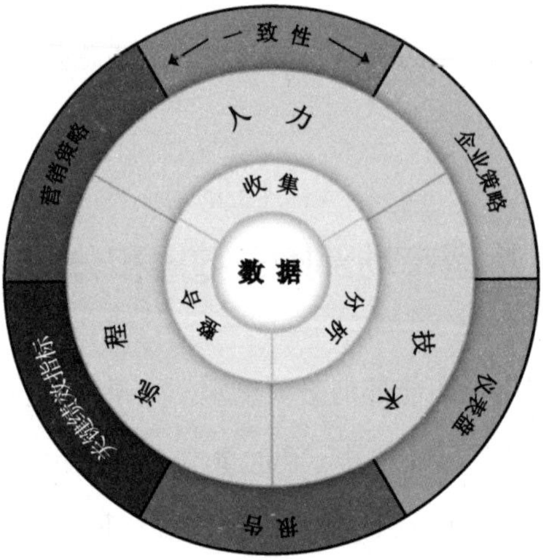

图 0–1　量化营销框架

使用和分析数据从而获得竞争优势并不是一个新想法，也不只是用于市场。但说和做是两码事，数据驱动营销是在过去几年中使用得越来越多的术语，但实践方面做到真正改变市场人员和组织，并让其充分利用如今我们都能获取的不断增加的数据，还远远不够，而这正是量化营销的用武之地。

量化营销证明了市场部的价值

量化营销是一种新的营销策略，专注于智能地利用当今可用的大量营销数据，从而在任一行业中创造真正的竞争优势。它将数据驱动的市场与企业战略和目标相结合，且需要对人力、流程、技术、数据和文化进行自上而下的转型。

脱颖而出的营销领导者将接收数据并迅速采取行动，从成为各自行业的第一批采用者中获益。通过营销数据分析，这些营销领导者可以清楚地向其他业务部门展示营销对整体业务成功的重要性。

不是每个人都会这样做，事实上也不是每个人都能做到，正如我们每天在自己的实践中看到的那样。老话说得好：如果很容易做到，那么每个人都会这样做。最近福布斯观察专栏（Forbes Insight）为数据分析公司 Treasure Data 进行了一项名为《数据与巨人：扰乱颠覆者的客户数据战略》（*Data versus Goliath: Customer Data Strategies to Disrupt the Disrupter*）的调查，面向价值超过 10 亿美元的公司的 400 位高管（市场总监、市场主管、首席数据官或分析官以及客户体验主管），向其询问数据驱动营销方面的发展。一些要点如下：

- 只有 1/4 的高管表示他们能够充分利用他们可用的数据。
- 只有 13% 的受访者认为他们已采取必要措施确保充分利用客户数据。
- 65% 的人表示客户数据分析尚未增强他们的竞争能力，仅 1% 的人表示发生了重大转变。
- 他们预计这种情况在两年后会发生巨大变化，40% 的人预计他们的竞争能力会因掌握数据而发生重大改变。

现在，机会就摆在我们面前。不仅市场总监有过时的危险，在数据分析时代参与竞争和取胜，需要每个市场人员，无论是市场总监还是普通员工，都用数据驱动营销。我们的量化营销策略以及我们在本书中详述的 5 个步骤旨在帮助你实现目标。

我们将本书分为两部分：

- 第一部分面向市场人员和 C 级高管（最高层管理人员），讲述了量化营销的原则及其对大小企业的价值。尤其是中小型企业，如果要与财力雄厚的大企业竞争，它们可能会发现，采用量化营销，不仅竞争会变得更容易，还可以用它来做到“公平竞争”。如果“每个人都知道”他们应该这样做，为什么他们还没有行动呢？我们指出了采用量化营销过程中存在的挑战和障碍，并提供克服它们的技巧。

- 第二部分主要是为市场人员设计的，重点是我们为市场组织定义的启动数字化转型5个步骤的蓝图。我们提供了一项自我评估，以帮助你确定组织目前在量化营销成熟度模型中所处的位置，这项内容可以由组织中的任何人完成。第1步描述市场与企业的一致性，这对之后的所有其他步骤都至关重要。第2步深入研究数据，从战略到集成再到管理。第3步为市场人员提供了分析数据的实用技巧。我们并非专业数据分析人员，对这里提到的分析类型，我们就不提供见解了。第4步开始将量化营销应用于日常活动，并提供量化营销活动框架和示例，来说明数据是如何以及为何帮助我们更快、更智能、更高效地定义和执行我们所做的事情。第5步是培训员工使其具备合适的技能，并开始构建真正的量化营销文化，在这种文化环境中，数据是首要考虑的，而不是最后或事后考虑。

我们写这本书是为了帮助像我们和我们的客户一样的市场人员，因为我们都必须进行这种转变，将数据和分析融入我们的日常工作中。像所有巨变一样，这并不舒服，当然也不容易，但当下次你的CEO问询时，你会觉得这绝对值得，因为你除了能展示出有创意的图片之外，还可以展示表达新线索的图表，以及可追溯到某项活动的新渠道或新收入。

目录 | Contents

第一部分　数字化营销还不够

第 1 章　分析时代下的市场营销 003

1.1　市场营销对企业的价值 003

1.2　数字化转型引领分析时代 007

1.3　构建营销技术堆栈推动数据和分析需求成倍增长 019

1.4　新规则中包括了营销数据分析 021

第 2 章　数据优化竞争环境：点球成金的一课 025

2.1　点球成金中数据优先的理念 027

2.2　第 1 课：挑战传统，使用数据 030

2.3　第 2 课：虽无法赢得世界联赛，但能成为角逐者 033

2.4　第 3 课：常问“为什么” 034

第 3 章　量化营销：转变市场部职能 038

3.1　什么是量化营销 039

3.2　为何要进行量化营销 040

3.3　为什么市场部门还没有这样做　041
3.4　开始转型　044

第二部分　组织转型：采用量化营销

第 4 章　评估组织的市场营销成熟水平　049

第 5 章　第 1 步：市场部门与企业的一致性　068

5.1　市场部门是成本中心还是收入中心　069
5.2　将市场部门的印象从成本中心转变为收入中心　070
5.3　获得主要利益相关者的支持　071
5.4　从现在开始行动　089

第 6 章　第 2 步：数据集成、体系结构和技术资源　091

6.1　为你的营销技术堆栈制定策略　091
6.2　评估营销技术堆栈时要提出的六个问题　094
6.3　从现在开始行动　108

第 7 章　第 3 步：数据分析　109

7.1　认知偏差：点球成金的又一教训　111
7.2　战胜认知偏见的例子：依靠数据　112
7.3　克服偏见和信念　114
7.4　分析不同类型的营销数据　122
7.5　从现在开始行动　131

第 8 章　第 4 步：量化营销活动框架 133

8.1　开发阶段 134

8.2　执行阶段 149

8.3　分析阶段 164

8.4　从现在开始行动 172

第 9 章　第 5 步：量化市场部人员配备和文化 174

9.1　从高层开始：市场总监和市场部领导层 175

9.2　与市场团队一起将量化营销系统化 193

9.3　为你的市场团队赋能 195

9.4　从现在开始行动 196

结语 198

后记 202

致谢 204

第一部分

数字化营销还不够

第1章

分析时代下的市场营销

1.1 市场营销对企业的价值

2006年，我（朱莉娅）在当地的一次技术营销活动中结识了一家VoIP（经由互联网通信）初创公司的营销总监，这家创建于2004年的公司经过几轮投资后，获得了高达8 000万美元的融资。显然，VoIP是竞争激烈的一个领域，这个领域中有为了站稳脚跟而在市场推广和广告宣传方面投入巨资的其他VoIP初创公司，还有那些规模大且知名的电话公司，这些竞争者拥有新VoIP公司试图争夺的用户。VoIP领域中主要的企业战略似乎是尽可能快地获取尽可能多的新用户，但是由于VoIP的主要竞争优势是成为传统电话尤其是国际电话的低成本替代品，所以VoIP企业不仅拉新获客成本高，而且用户留存收益低。

在一次谈话中，这位市场总监提到了她的团队在做搜索引擎优化（SEO）工作，要针对大约 15 000 个关键词进行优化。听到这个我有很多话想说，脑海中有好几个想法："15 000 个关键词吗？""这怎么可能呢？""关于 VoIP 真的有 15 000 个关键词吗？""无论是团队内部还是整个部门，她的团队有多少人呢？"她提到这项搜索引擎优化工作时，正是亚马逊公司发展成为行业主导的几年前。因为亚马逊会销售所有品牌的产品，如果亚马逊表示他们正在针对 15 000 个关键词优化他们的网站，那么我会选择相信亚马逊。而且由于亚马逊提供数百万种产品这个事实，我会认为 15 000 这个数字还偏低了。然而，这家初创公司所有的业务只围绕单一的 VoIP 服务。

让我们从另一个角度看这件事。假设她的 SEO 团队优化每一个网站关键词需要花费 10 小时，团队中大概有 15 人参与这项优化工作（这还不包括关键词研究、内容开发、监控，以及报告、分析等搜索引擎优化过程中所需的其他项目工作），假设要在一年内完成这项工作，团队中每个人都要工作 10 400 个小时才能实现。那么问题来了，她的团队能够有效地优化那么多的关键词吗？答案一定是他们不能，毕竟一年可没有 10 400 个小时。在一年的时间内，如果听到这家资金充足的初创公司倒闭了，我一点也不会感到惊讶。

数量指标与价值指标

除了对优化大量关键词感到不可思议（或者说质疑这个举措是否合理）外，我们还应意识到，市场人员看待评估我们所做事情的指标存在不同。

> 对数量指标和价值指标的偏见是多数市场人员必须克服的数据挑战之一。数量指标能够跟踪性能或效率，价值指标则相反，它能够评估互动的质量或者互动对用户关系和盈利方面的影响。

市场人员会被数量指标诱惑。为什么不呢？这些数量指标会让我们觉得项目发展得很好。“网站流量同比增长了100%，上个月我们的网站访问次数达到200万。”有了这样的数字，结果只会对企业有利，不是吗？

但更仔细地观察时，你会发现，像这样的数量指标只是故事发展的开始，它的价值指标可以告诉你为何这些数字对企业很重要。为什么网络流量增长了这么多？是因为网站上的特定内容吗？是产品和服务页面的流量增加了，还是工作列表的流量增加了？另外最重要的是，我能否将流量增加与企业的实际渠道或收益联系起来？

像网站流量这样的数量指标很容易就能获取，它们是你能从大多数现成的性能报告中首先看到的内容。与之相反，价值指标的获取就不那么容易，它们需要研究和探析所做工作背后的知识来顺利地挖掘数据背后的信息。更棘手的是，试图将任何一种指标与收益联系起来。这一般需要数据集成技术，因为像网站流量这类数字可能产生于与销售数据完全不同的数据库或平台中。当然也需要一定的编码或工作流自动化技术来跟踪网站访问的线索，这些数据可能存在于交易完成的整个买家购买行为过程中所有其他营销互动环节。

价值指标越“有价值”，那么它的获取就越加困难，对于这个事实我们不应该感到惊讶。

再回到 VoIP 初创公司这个例子：

营销总监对 CEO 说：“我们团队正在对网站的 15 000 个关键词进行优化。”

引申含义其实就是：快看看我们做了多少工作！当风投想了解公司拿着巨额投资做了什么时，你就能告诉他们这项工作的具体内容。看看我们为了确保每个长尾词都出现在谷歌搜索第一页上而努力优化了这么多关键词，这样风投就能明白我们团队的工作有多么重要，又那么复杂、困难。

也许聚焦于搜索引擎优化和投放数字广告是快速获得大量用户的市场策略。但是如果我是 CEO，15 000 个关键词就不是我想要的数字，我真正想要的数字是这一次 SEO 为企业带来了多少新用户。

认为可以在一场董事会会议、月度部门或客户会议等类似的会议中，用数量指标去展现你的项目做得如何好，却没有表示为什么这么做，是十分短视的。现在市场人员被 CEO、CFO、销售人员甚至客户要求去证明这些数量指标作用的现象越来越常见。这也给许多市场人员带来了一系列他们未能克服的全新挑战。

我们生活在充满数据的分析时代，但这并不意味着我们拥有这个时代所需要的正确思维模式、技能和经验，从而让我们能在日常营销项目中做得更多、更快、更好。大家都明白我们需要去推动数据驱动的营销模式，但是这对市场团队来说意义是什么，而且我们要如何推动呢？本书中，我们试着去回答这些问题，同时给量化营销策略下一个定义。这个营销策略对每个人来说都能够实现，不管是一家大公司还是个人业务，当然，最重要的是，这个战略首先要能确保你再也不需要为了展现企业的营销价值而完成一定的数量指标。

1.2 数字化转型引领分析时代

有谁能知道在短短的几十年内，科技的发展让我们这个世界产生了多大的改变？自从 1989 年万维网创建以来，我们经历了互联网的繁荣和萧条，有消耗人们时间和注意力的移动设备、互联网视频和社交平台的发展与主导，也有云计算、大数据和让它们常态化且发挥作用的工具出现，以及其他很多互联网产物。

在本书中我们聚焦的数字化营销转型催生了可供操作的数据和一系列全新的营销技术，这些技术在 10 多年前就已经有了一些发展。数字化营销的根源可以追溯到在那之前的 10 至 12 年，——接下来的 10 年需要研究的是哪些技术能够保留下来。

当我们回顾数字化营销的主要里程碑时，我们能够将迄今为止的数字化营销革命分为三个“时代”——发现时代、清算时代以及我们现在所处的分析时代（见图 1–1）。从图中可以看出，当一个新的时代开始时，上一个时代还会持续一段时间。例如，发现时代的特点是基础的数字化营销技术，如 1989 年万维网的出现，但是新的基础技术也在不断地涌现，如数据驱动的电视广告定位，这项技术提供了以前只能在数字广告中找到的受众类型，而不再只是电视所能提供的传统的、不精确的年龄和性别细分。

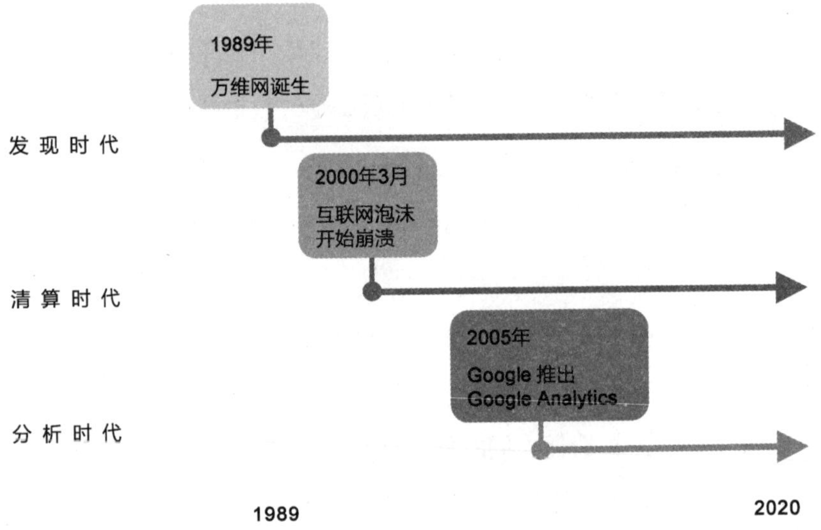

图 1–1　数字化营销时代

1.2.1　发现时代

发现时代（见图 1–2）是随着 1989 年万维网的诞生而开始的，万维网为我们今天所熟知的这些网站提供了可能。1993 年第一个带有广告的商业网站创建了，即全球网络导航器 Global Network Navigator，正是在这一时期，如今我们所从事的数字化营销领域里基础性和开创性的技术得以渐次推出。

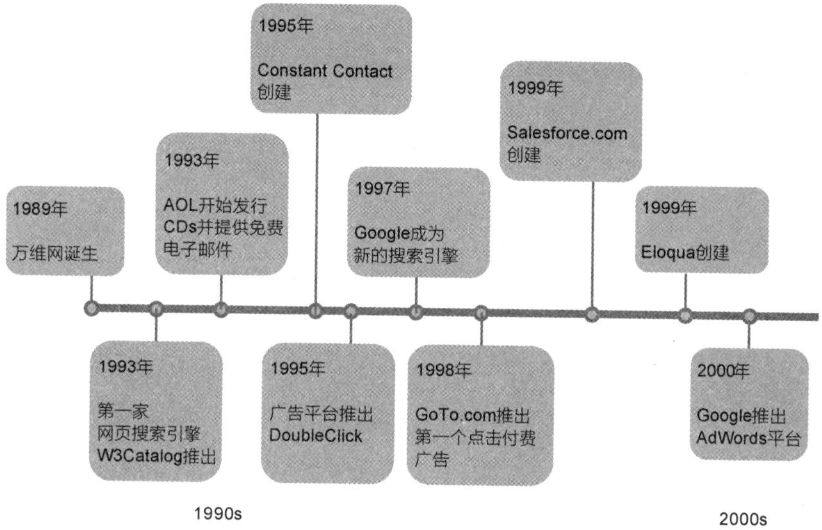

图 1–2　发现时代：基础的数字化营销技术

注：由于无法将每个公司和每个里程碑都显示在该时间线中，因此这里仅展示最易识别的或“首先出现的事件”。

与超过 10 亿个网站的现在相比，1996 年仅有 10 万个网站。当时最受欢迎的网站是早期的搜索引擎和在线社区，如 AOL 和 CompuServe，用户可以在这两个网站中查看电子邮件或与其他订阅者聊天。大多数情况下，商业网站都是在线的广告牌，测量网站流量的方法依然是参照传统广告方法，即用“眼球”或印象。

发现时代结束时，AOL 已经拥有超过 2300 万用户，不过随着第一批电子邮件程序的出现，垃圾邮件发送者也出现了。谷歌推出了“无处不在”的搜索引擎，Eloqua（营销自动化领域的一个早期领导者，现已并入甲骨文营销云）和 Salesforce（虽不是第一个销售 CRM 的，但在 B2B 公司中占据重要地位）也推出了搜索引擎，这些搜索工具推动数字化营销人员开始了解数据库和相关功能，可这种工作内容的难度远远超过了将客户联系信息保存在 Excel 表格中的范围。谷歌在 GoTo.com 推出的点击付费模式基础上，推出了成功的 AdWords 平台。

1.2.2 数字化营销使得精确测量得以实现

在跟踪和测量方面，数字广告能说明当时与现在、传统与数字化之间的实质区别。衡量平面广告有效性的方法一直是不具体和不精确的。19 世纪以来，在报纸和期刊上投放广告的策略就一直存在，广告商尽最大努力使其广告与出版物匹配，这些出版物的读者是广告商尝试去接触的消费者。印刷广告的费用与发行量挂钩，一般先由出版方提供，然后经由第三方审核，来验证会浏览这些广告的潜在受众数量。这里的关键词是“潜在”，因为如果没有基于用户行动的测量，你就不知道有多少人真正看到了你的广告。让我们现实一点，人们买杂志可不是为了专门看广告的。当你为印刷广告付费时，你所购买的是该出版物用户群的一个沟通方式，即购买了仅能测量到“潜在”的眼球或印象，而不是用户与广告的实际互动。你可以尝试用一些方法来更好地衡量参与度，如特别优惠代码、自定义的 URL、专用电话等，不过无论如何，你永远无法捕捉到实际的“眼球”数量。

相比之下，数字广告因为运用了点击付费的计算方式，能够更精确地衡量用户购买行为。如果有选择机会，你为什么要为“潜在”的眼球付费，而不是为那些真正点击企业广告的人付费呢？与许多数字化营销创新一样，点击付费这一计算方式在投入产出比报告中拥有不同的维度。数字广告平台包含大量关于用户参与的工具和报告，这些工具和报告可以测量到每次线索中用户点击广告的“行为召唤”。要引导访问者访问你的网站，这个网站最好是一个定制的登录页，这个页面可以向用户询问其他信息，如姓名、电子邮件、公司、标题等。设定的内容越相关，你就越有可能识别出访问的用户。

有两个原因可以解释这么做的重要意义。首先，你现在已经直接接触到了一些潜在的买家，并能够与他们联系，根据他们的购买过程你可以培养并引导他们。其次，如果有像 cookie 和营销自动化这样的技术，你可以将某些特定的访客与他们过去的行为相匹配，这些过去的行为在你知道这些访客是谁之前就已经被跟踪和记录了。通过现在与过去信息的匹配可以全面了解到营销内容是为何及以何种方式触动该线索的，当需要分析市场活动的表现和效果时，这些关键数据信息又可以为公司带来实际的渠道和收益。

这种跨多个渠道跟踪买家购买过程的能力需要一定技术成熟度和数字化营销平台集成度，这些平台一直被应用到了清算时代（见图 1–3）。

1.2.3 清算时代

互联网泡沫阶段所处的 20 世纪 90 年代后半期是科技公司迅猛增长的一个时期。这一时期，“创业”成了家喻户晓的一个词，似乎每个人和他们的兄弟都对创办一家新科技公司有一个很好的想法，

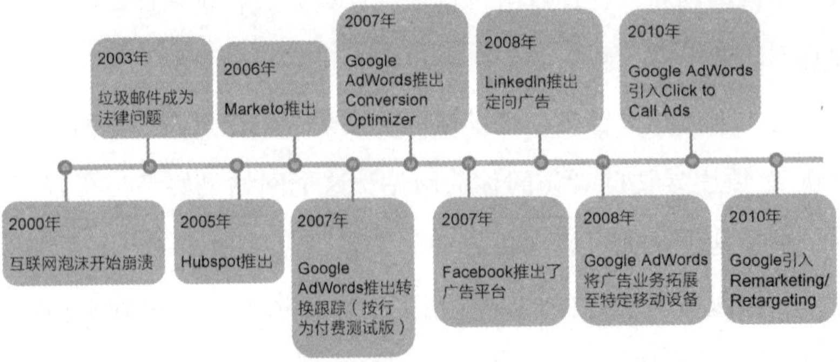

图 1–3 清算时代：互联网泡沫破灭，以及存活下来的营销技术

并渴望带着公司腾飞，获得巨大的金钱回报，期待市场增长越来越快，宣传越来越多，发展势头越来越猛。

> 纳斯达克是许多大型科技股的所在地，其市值从 1995 年的 1 000 点左右增长到 2000 年的 5 000 多点。许多公司通过首次公开募股（IPO）上市，获得巨额估值，股票有时在上市首日就翻了一番。这似乎是一个仙境，任何有想法的人都可以开始赚钱。

2000 年，互联网泡沫破灭。不管这个想法有多棒，或者这个品牌有多么吸引用户（如 pets.com，现在还有人在这家公司吗），如果一个企业不能找到可以盈利的方法，它就无法生存。科技需要一款“杀手级应用”才能真正迅速发展，且这是一款可能被广泛采用并可以变现的应用。

数字化营销也受到了类似的影响，早期阶段的数字广告、电子商务平台等要么被淘汰，要么被收购以重新调整用途。任何新营销技术的出现都应着眼于可以变现的实际应用。如今数字化营销的大部分领导企业就是在这一时期创建的，包括 Google AdWords（2000 年，发现时代）、Facebook Ads（2007 年）、LinkedIn Ads（2005 年）和 YouTube Ads（2005 年）。

与数字广告一起出现的还有营销自动化平台，如 Eloqua（1999 年，发现时代）、Marketo（2008 年）以及 HubSpot（2005 年），这些平台使单一市场人员能够吸引数千甚至数百万潜在用户成为可能，并通过自动化资格认证过程，筛选出真正的销售线索。对大多数企业来说，数字时代的推广工作与以往完全不同，对通过传统宣传就能接触到数百万用户的那些拥有足够广告预算和广告代理机构的 500 强企业而言，也是如此。Salesforce.com（在“发现时代”中提及）在 1999 年进行了客户关系管理（CRM）平台的第一次迭代，这家企业并非第一个创立 CRM，但它对这个行业开启了革命性改变，根据高德纳咨询公司（Gartner）的数据，如今，Salesforce.com 在全球 CRM 市场中占据了约 20% 的市场份额。

正如上述传统广告与数字广告对比所描述的那样，营销技术工具的广泛存在和应用意味着任何公司都可以在有用户访问你投放的在线广告时跟踪该用户的每一次点击。此外，市场人员可以根据买家的购买过程制造“胡萝卜”，如特别优惠或其他相关内容来吸引买家向你提供更多关于他们的信息，这样就能在确认为销售线索后、与销售人员的互动中自动实现越来越个性化的推广和跟踪。如果将这些信息乘以数千或数百万，你就能够看到用户数据的增长速度有多快。

对 B2C 公司而言，这种新市场技术工具和平台所产生的爆炸性数据可以达到大数据的规模，不过还需要使用能够处理大量数据的高级数据分析工具、专业数据科学家和分析师，甚至人工智能和机器学习工具，才能实现预测分析。

对其他类型的企业，尤其对 B2B 公司来说，大量现成的营销数据带来了巨大的机会，但多数市场人员都没有足够的能力来抓住这些机会，因为他们缺乏我们在本书中探讨的相应技能和数据优先的心态。人们确实能指出缺乏营销数据分析方面实践教育的事实，但正如我们所展示的，技术发展如此之快，任何人都很难跟上。

对所有市场人员来说，营销数据的爆炸式增长预示着分析时代的到来（见图 1–4），而这个时期，需要用相应的工具和专有技术将数据转化为企业可操作的积极成果。

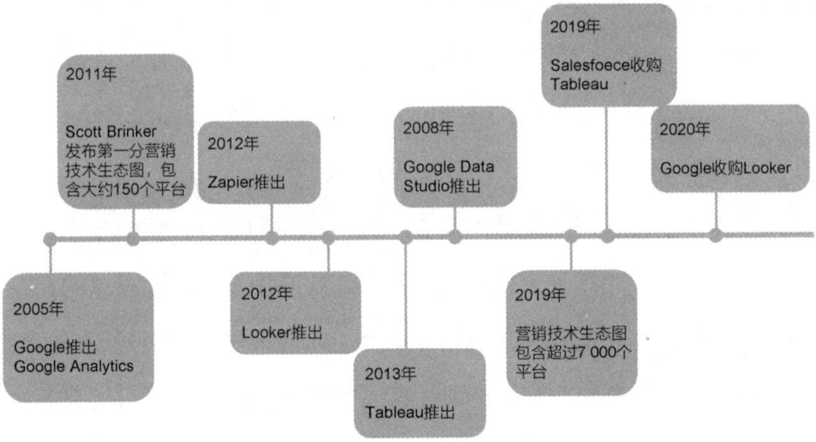

图 1–4　分析时代：从爆炸式增长的客户数据中获取洞察力

1.2.4 分析时代

分析时代的特征是营销数据呈爆炸式增长，数据访问或管理、可视化，以及不断涌现的分析工具能够帮助市场人员应对越来越多的数据载荷。2005 年 Google 收购 Urchin 软件后推出 Google Analytics，这标志着分析时代的开始。对许多市场人员来说，这是他们第一次接触分析工具，正因如此，它深刻影响着市场人员对随后出现的分析工具的期望。

随着分析时代的发展，数字化营销不断创造出新的赛道，如社交媒体平台，新的技术，如移动互联设备和物联网，新的营销技术，如视频会议和网络流媒体，它们都有自己的数据集。IBM 营销云的"2017 年 10 大营销趋势"预测，目前世界上 90% 的数据是在过去短短两年中产生的，而且这些数据还处于不断增长的过程中。

让我们来感受一下两年产生了世界上 90% 的数据这个惊人的事实，这些数据中营销技术部分就足以令人生畏了。2011 年，chiefmartec.com 发布了一个由大约 100 家供应商组成的营销技术生态图（见图 1–5）。

2019 年，这个营销技术生态图中涉及的供应商激增到了可归于几十个不同类别的 7 000 多家企业，包含了 1 215 亿美元的全球市场规模，几乎是 2018 年估值的两倍（见图 1–6）。

除了应对不断增长的数字化营销技术的复杂性之外，还需要访问、管理、整合和分析每个工具的特定数据集。所有这些营销技术工具和平台的基础都是数据，无论是营销自动化和 CRM 中的实际

图 1-5　2011 年营销技术生态图

资料来源：Courtesy of Scott Brinker，chiefmartec.com.

数据库，还是使用每个营销技术工具生成的关于性能、覆盖范围等指标的数据。

社交媒体同样能够提供有价值的数据，这些数据是由用户自己提供的，并使社交媒体平台可以让广告商对用户定位。显然，最近的隐私问题和负面新闻对这些数据的可用性产生了影响，不过这并没有降低广告收入。2004 年，MySpace[①] 这家社交媒体拥有约 100 万用户。2019 年，仅 Facebook 一家就拥有 23 亿用户，大约全球 1/3

① MySpace 成立于 2003 年 9 月，曾是全球第二大社交网站。它为全球用户提供了一个集交友、个人信息分享、即时通信等多种功能于一体的互动平台。2011 年 6 月被媒体和广告公司 Specific Media 以 3500 万美元收购。——译者注

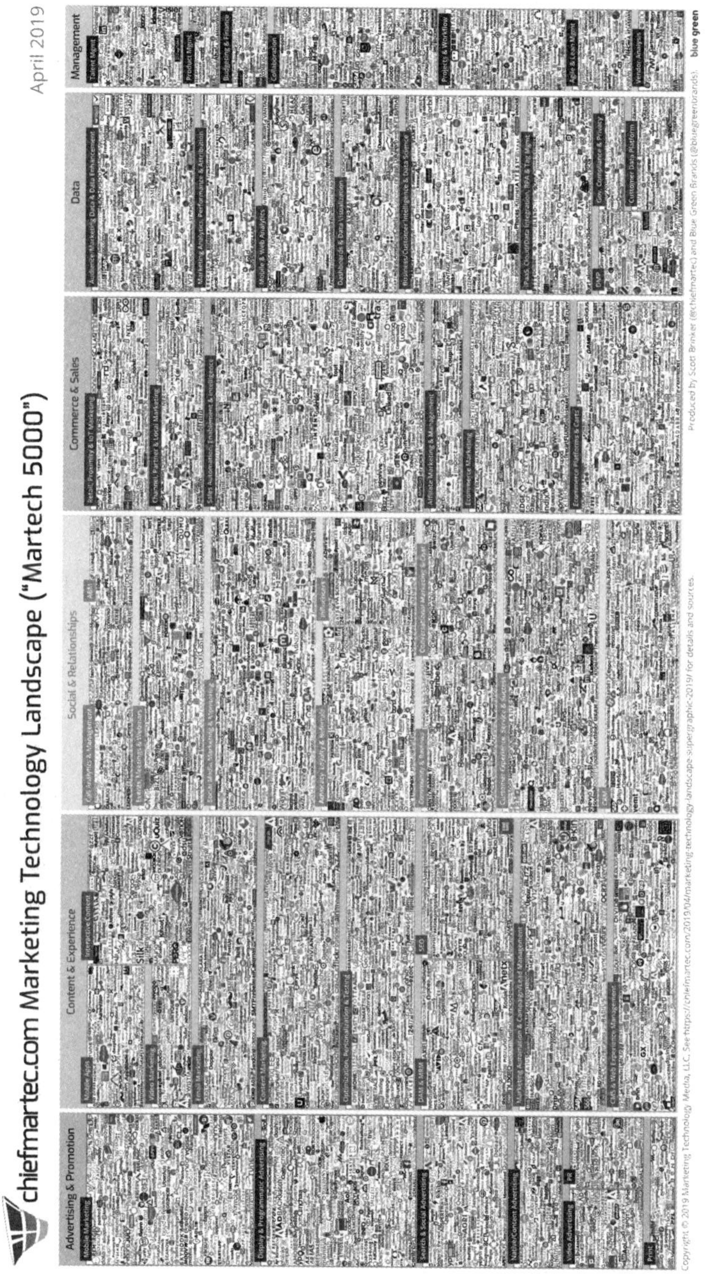

图1-6　2019年营销技术生态图

资料来源：Courtesy of Scott Brinker，chiefmartec.com.

的人在使用社交媒体，2/3 的在线用户使用社交媒体。社交媒体提供的数据量非常惊人，从人口统计数据（如职务、公司和性别）到个人好恶，以及人们加入的团体等各方面的数据。

但如果没有去分析数据并利用数据来做出更明智、更快速决策的能力，数据就一无是处。更具体地说，我们所讨论的是营销数据分析，它通过筛选客户数据及相关的销售和运营数据（内部和外部），来定义个性化、吸引客户、改进细分和目标定位，以及开发创造更有效、更有针对性的内容和活动。

数据分析是数字化营销界的下一件大事。2019—2020 年，数字化营销领域的两个重大收购案中，大型营销技术公司为了争夺数据可视化及分析公司，通过收购的方式迅速将这种功能添加到自己的平台上。2020 年，Google 以 26 亿美元收购了数据可视化及分析公司 Looker。2019 年，Salesforce 以高达 157 亿美元的价格收购了 Tableau。Salesforce 的 CEO 马克 • 贝尼奥夫（Marc Benioff）在收购新闻发布会上这样描述收购的战略定位："我们正在将世界第一的 CRM 与第一的分析平台结合起来。Tableau 帮助人们观察和理解数据，而 Salesforce 帮助人们走近和了解客户。对我们的用户来说，这确实是一个最佳选择，因为这样能够把用户了解世界所需要的两个关键平台结合起来。"

这里需要稍微强调一下，Tableau 对 Salesforce 来说价值 157 亿美元，是 Tableau 年收入的 10 倍以上。很明显，Salesforce 是在下一个大赌注——它的目标用户（B2B 公司）是否能够意识到对数据分析的需求，并愿意为此付费。

尤其是B2B公司，如今有机会成为第一批在各自行业中利用数据和分析创造竞争优势的公司。然而，挑战在于，公司要想获得成功，它的行动必须远远超过我们今天看到的其他人也已经在做的数据驱动营销的行动，如使用Google Analytics和在独立的营销技术平台上查看指标。企业要做的是接受并进行真正的组织转型，以达到数据驱动营销的下一个层次。

1.3 构建营销技术堆栈推动数据和分析需求成倍增长

我（朱莉娅）记得，从2004年起，某些行业在清算时代开始进行变革，某些特定的营销技术平台的标准化逐渐被证实有其价值，数字化营销的渠道和工具不断增加。首先出现的当然是网站，接着是博客，通过SEO和Google Analytics进行基础的流量分析，我们得到了初期的数字化营销绩效报告。后来出现了Salesforce，它为市场营销和销售提供定制服务，向Constant Contact中的大量通讯提供电子邮件列表。Salesforce令人出乎意料，尽管它只使用了看似简单但功能强大的Salesforce报告引擎，但能够让我第一次了解到真实的投资回报率和客户数据报表。利用可捕获的任何数据字段，我们可以很方便地处理和筛选任意报表内容。如果我想运行一个报表来显示所有新用户成交机会的线索来源，我就要去检查这些信息是否存在相关字段，如果没有，那么我需要创建所有必要的字段，然后确保这些字段实际填充了数据，最后才能运行报表。我的电子邮箱营销平台 Constant Contact，会有我发起的每个电子邮件活动的绩效报告。接着出现了数字广告，首先是在 Google AdWords 上，然后是在 LinkedIn 上，所有的广告都有一套绩效报告。

每次当我添加一个工具到营销技术堆栈时，我需要分析的市场活动的绩效数据就会成倍增加。当我添加 Eloqua 营销自动化平台时，我已经准备好开始整合所有这些不同的营销数据源，以便将 Eloqua 和 Salesforce 的组合标准化，为我所有的市场活动提供全面、多渠道和多属性的报告。就像 Salesforce 销售的 CRM 一样，Eloqua 成了营销的 CRM，让我能够获取和管理比以前更多的客户数据，这是线索数量增加以及每个线索的信息量增加导致的，从人口统计到如注册网络研讨会、点击电子邮件链接、下载白皮书等用户行为，都被自动注册并保存在数据库中，并被绑定到特定的线索中。Eloqua 使我能够自动捕捉这些数据，通过电子邮件通信或提醒进行后续操作，并将所有这些数据整合到一个易于访问的数据库中。

添加到营销技术堆栈的每一步过程，即使是从基本的绩效报告中添加，也会提高我的分析能力。但是，数字化营销堆栈和数据存储越来越复杂，其规模越来越大，以至于我手动整合不同渠道和来源数据的效率越来越低。说实话，每个季度都很痛苦，这并不是我想做的事情。如果我不能将大部分流程自动化，然后只做最少的工作来制作和导出报告，我不确定我能否完成这份工作，或者也许不会经常完成。

1.4　新规则中包括了营销数据分析

现如今，你很容易就能碰到讨论数据重要性的人，可能从数据分析、数据仓库到指标和智能。数字化转型的最大后果之一是，市场人员能够收集的买方行为信息数量大幅度上升，不仅包括在买方成为我们的用户之后的信息，更涵盖了从买方在网上搜索我们的那一刻开始，在成为真实用户过程中的每一步所产生的信息。

在 2007 年，戴维・米尔曼・斯科特（他为本书撰写了引人深思的推荐序）推出了具有开创性的力作《新规则：用社会化媒体做市场和公关》。随着数字化营销的不断发展，戴维的书获得了持久的成功，近期他发布了该书的第 7 版，目前该书已经以 29 种语言出版。现在回顾这本书的发行，我们才意识到，这本书记录了数字化营销革命的开始，这场革命是由发现时代中数字技术的最初爆发和清算时代中采用可以变现的数字技术所推动的。2007 年，从最开始的万维网到搜索引擎，再到数字广告平台，数字技术已经发展成熟并获得了广泛的商业应用，开始彻底改变营销的各种可能性。数字化是一个全新的前沿领域，它有着诱人的新前景，更重要的是有着可实现的前景：能够通过潜在用户在搜寻何种相关信息、何时搜寻信息等用户行为接触到这些潜在用户。

但是，从来没有人说过数字化会是简单的。

了解营销技术的爆炸式增长非常重要，因为它反映并推动了市场人员所期望发生的快速变化和增长，有全新的数字渠道需要探索，有新的技术和技能需要掌握和整合，同时还有大量的数据需要收集、分析和利用。传统营销并没有被淘汰，只是数字化营销将这一领域发展得更多、更好，更容易或更困难。

特别是B2C公司，它们意识到在当今市场中的竞争方式与以往完全不同这一现实，现如今通过社交媒体以及每个买家购买过程中可以获取到的数据，它们能够获得比以往更多的买家行为信息。用户数据的爆炸式增长以及大数据技术的发展和可用性已经改变了B2C市场人员的优先事项，现在他们的优先事项是获得用户体验和掌握用户数据，以便能够对不断变化的用户情绪做出快速反应，并为每个用户提供个性化的信息和体验。目前，关于营销数据分析的案例和研究往往聚焦于B2C公司，通常分析这些公司如何在组织中利用数据分析和进行数据驱动营销：

> 现在，小部分技术领先者和普通水平企业之间存在着巨大业绩差异，某些情况下已经形成了赢家通吃的态势。全球领先的“独角兽”企业往往是拥有基于数据和分析的商业模式公司，如Uber、Lyft、滴滴出行、Palantir、印度电子商务零售商Flipkart、Airbnb、大疆（DJI）、色拉布（Snapchat）、拼趣（Pinterest）、BlablaCar和Spotify。这些企业通过数据和资产分析、流程及战略使自己拥有了独特的竞争优势。

虽然B2C企业可能认同数字化营销是一个优先项，但它们实际进行数字化营销的速度比预期的要慢。而且即使是拥有数据科学家团队和大数据及人工智能工具的 1 000 强企业，也并没有充分利用所有数据来获得有意义的商业洞察力和见解。2016 年，麦肯锡发表了一份报告《分析时代：数字化世界中的竞争》。下面这些信息和例子就来自 1 000 强企业，尽管前景乐观，但仍有很大的发展空间：

> ……许多已经开始采用数据和分析的公司并没有实现全部的数据价值。一些公司通过大量的技术投资来应对竞争压力，却没有充分利用这些技术投资进行必要的组织变革。有效的转型战略可以分解成好几个部分，第一步应该是提出一些基本问题来形成战略愿景。数据和分析将用于什么？洞察力和见解将如何推动价值形成？这些价值该如何衡量？

上述这些问题是每一家企业（无论规模大小）在努力实现数字化这一愿景时都应该问自己的基本问题。

向量化营销转变

对 B2B 企业而言，虽然机会是多，但它们采用数字化营销的速度很慢。从消费者购买行为到市场活动有效性和投入产出比的统计数据，已经可以从 B2B 企业市场人员使用的各种营销技术平台中获取，或者可以通过改变与公司关键绩效指标相关的数据收集和整合工作进行获取。然而，大多数 B2B 企业市场团队并没有利用这些数据信息。可我们要知道，量化营销是要企业从战略的角度来思考数据并将其纳入市场部日常事项中的一种转变。

这首先需要市场领导层（市场总监和市场主管）向企业解释这种新的思维方式可以实现什么，让关键的利益相关者（如 CEO 和其他高层管理人员以及销售团队）参与进来，重新设定对营销目标、价值和可视化的投入产出比期望，从而拨付量化营销的费用。同时，这也要求市场领导层重新培训或招聘具有相应技能的市场人员，这些人员能够采用量化的思维方式，调整营销流程，以便能够支持量化的目标和交付成果。

根据各行业公司的实际经历，我们对数字化营销的期望和市场人员的实践在组织中的差距存在很多想法。归根结底，大多数市场人员其实并不知道从哪里开始着手，也不知道如何以从 A 到 Z 这样的顺序去明晰路径。

在本书中，我们通过采用量化营销原则，探讨了弥补营销现状与企业期望的营销情况之间差距的必要性。更具体地说，我们提供了一个量化营销活动框架：一个可访问、可重复的，被整个组织采用的流程，这个流程是以企业的业务目标为起点，以活动和资产数据分析为终点，其中活动和资产数据分析能够反馈到下一次活动迭代中，从而创造出持续改进的文化。我们将列出使用量化营销改造组织所涉及的步骤，以及如何根据组织的自身特点来调整并优化这些步骤。当然，市场营销的基本原理并没有改变（如 4P 营销理论依然包括产品、价格、渠道和促销），但我们需要思考如何结合或运用这些基本原理来抓住数字化营销、营销技术和数据给我们带来的机会。

第2章

数据优化竞争环境：点球成金的一课

如果你关注周围的世界，就不难理解我们是生活在分析时代。科技和数字经济造成了数据爆炸式增长，我们周围的每个行业都在或多或少地使用数据。

体育分析是全球职业体育的行业标准。每场大型网球比赛都会产生人们感兴趣的甚至是预测分析的统计数据，而那些能够负担得起的顶级球员会向数据分析团队支付六位数的费用以获得竞争优势。一级方程式赛车采用了数据分析，在每辆车上装了 100 多个传感器，比赛期间能够做到每秒生成 3GB 数据和 1 500 个数据点，所有的数据会通过分析来得出整体的制胜策略以及对赛车本身的渐进改善，这样在 F1 赛季期间就能缩短关键的几秒钟。分析以及投资分析的能力造成了如此大的差异，以至于 F1 对汽车开发等方面设置了成本上限，来抵消最富有车队相对于最贫穷车队所拥有的能赢得每场比赛的巨大优势。正如 2019 年麻省理工学院体育分析峰会网站上所描述的那样，甚至冰壶运动也开始有这样的行动，像 curlingzone.com 这样的网站开始收集历年冰壶得分，最后开发出“供 2018 年奥运会金牌得主使用的分析产品”。

作为市场人员，我们一直在了解营销分析的重要性，通常是 1000 强公司使用它来更好地了解其用户群体，以便提升个性化体验、更好地吸引潜在买家并建立客户忠诚度。这些公司每年创造数十亿美元的收入，假设平均年市场预算占收入的 10.5%，以 2019—2020 年高德纳咨询公司营销支出调查中的数据为例，那么它们每年在市场方面的花费大约在 20 亿到 500 多亿美元不等。

这种消费能力让这些公司能够购买专门的营销技术和雇用人员来支持数据驱动的营销计划，有能力投资客户数据平台（CDP），为市场人员获取人口统计、行为和交易客户数据的统一视图。根据高德纳的说法，购买和运用 CDP 的成本通常是每年 10 万到 30 万美元，如果自建 CDP 的话，成本可能会高得多。

上述公司有巨额的市场预算，它们有能力聘请数据分析师或科学家团队作为顾问或员工，从所收集的昂贵数据中获得洞察力。正是这些优势，此类公司应该成为我们的先驱，成为我们向数据驱动市场部转变而付出努力的榜样。然而，规模大似乎也存在缺点。对大型组织而言，变革尤其困难，而且自从约 20 年前数字化营销首次颠覆了经典市场部的运作方式，分析时代的数据令市场人员遇到了最大的需要抓住和征服的机遇与挑战。

洞察力和分析已经在市场总监的优先级列表中出现很多年了，这是有充分理由的——76% 的市场部领导者表示他们使用数据和分析来推动关键决策，市场部也在努力发展数据能力。

数据分析实际上可以为我们创造一个更公平的竞争环境，而不是带来竞争劣势。在某些方面，当谈到采用我们在本书中提出的量化营销理念进行真正转型时，规模更小实际上可能是一个优势。为了解释该论断是为何以及如何实现的，我们来看看数据分析在看似无关的棒球领域是如何被采用的。

2.1 点球成金中数据优先的理念

最好的例子是数据点燃了体育分析的火花，为体育分析向更广泛的受众普及奠定了基础。迈克尔·刘易斯所著的《点球成金：逆境中制胜的智慧》一书于 2003 年出版，由它改编的电影于 2011 年上映。这项开创性的工作清楚地阐述了一种全新的数据驱动策略，该策略是由奥克兰运动家球队经理比利·比恩（Billy Beane）定义的，并得到了助理保罗·德波德斯塔的分析工作支撑。奥克兰运动家球队拥有一个大多数人听起来很熟悉的问题，就是它必须找到一种方法来竞争并战胜资金明显更多的球队。

《点球成金》对市场人员和任何懂得数据洞察具有变革性的人都有教育意义，它的影响可以从政府到企业的各个领域反映出来。在这本书中，奥克兰运动家球队必须更机智地知道它如何用较少的资金建立一支可获胜的团队。通过依赖数据并深入研究数据来了解哪些指标具有真正意义（透露一下，是近 150 年来都没有人想到的那些指标），然后根据这些情报信息采取行动，奥克兰运动家球队最终彻底改变了 MLB（美国职业棒球联盟）的进攻方式。一直到 2013 年，超过 75% 的 MLB 球队都在使用这种数据驱动的策略，这项策略被具体称为“棒球分析学”，即赛博计量学（Sabermetrics），在本书中有大量描述，它是比尔·詹姆斯在 1980 年“寻找关于棒球的客观知识”中定义下来的，该策略主要强调应用统计分析。正如我们所展示的，数据驱动的决策不仅局限于棒球运动方面，到 2018 年，“各大职业运动队不是设有分析部门，就是拥有分析专家”。

穷则变，变则通。当时奥克兰运动家球队处于严重劣势，这迫使它跳出框架思考解决方案。就在奥克兰运动家球队改变其运营方式时，“棒球经济蓝带委员会独立委员报告”发布了。这份报告强化了当时 MLB 球队之间的收入差异导致长期竞争失衡的情绪，这种失衡似乎越来越严重。1990 年，最高和最低薪资之间的差距是 1 430 万美元，到 2000 年，该差距达到 7730 万美元。

传统的棒球学问和常识认为资金多的球队会获胜，因为它们可以买到最好的人才。为了能够竞争，奥克兰运动家球队创建了一种由数据驱动而非传统的新进攻策略。该决定让该球队在 2002 年创下了 20 连胜的纪录并获得了整个赛季的胜利，这也为它进入同年分区季后赛打下基础。

比利·比恩和保罗·德波德斯塔利用必要性和机遇重新制定了球员在选秀中的评估方式。一边是依赖经验丰富的球探，他们打过棒球，一部分人还在大联盟打过一段时间，大多数在小联盟中排前列。在大多数情况，他们代表了传统的侦察智慧，会根据某些公认的身体标准来评判球员。另一边是，出身名校的分析人员，但他们可能从未打过棒球，而比利·比恩曾经是一名很有前途的高中球员，不过未达到许多老球探认为他应该达到的超级巨星水平。比恩和德波德斯塔甚至从未见过他们最终选择的许多球员，他们仅仅是浏览大量球员的统计数据，并希望对球探进行再培训，使他们接受“表现式挑选”，这在以前是对球探圈的侮辱。

这是对旧事物与新事物的一种简化，但它在过去的做事方式和新的做事方式之间制造了紧张氛围。有一次，比利·比恩询问最有经验的球探迪克·博加德（Dick Bogard），“表现式挑选”对他来说是否具有意义：

> “当然了，”他指着保罗的电脑说，“这是一个新游戏，多年前我们没有这些可供查阅的统计数据，不得不去接受我们所看到的事实。”

采用“表现式挑选”这一评估方式为奥克兰运动家球队带来了其他球队所没有的机会，这是固守旧挑选方式的球队所无法理解的。尤其在交易方面，对那些明显人人都能看到且觊觎的人才，奥克兰运动家球队知道无法与之竞争，于是尽可能逢低买入大多数看起来有缺陷的球员，比如超重、速度慢、受伤，但对该球队认为的重要指标而言，这些球员恰好是他们想要寻找的。在这种情况下，劣势实际上是一种优势，因为它为奥克兰运动家球队带来了竞争优势。

推动球员挑选的数据应用似乎是很容易的，但其他 MLB 球队仍然花费数年时间才运用起来。它需要对 19 世纪以来棒球运营方式的思维进行巨大转变，不只是聘请数据分析师来处理有助于做出人事决策的数字，而是真正将数据优先策略制度化，来确定构成每场比赛阵容的球员。数据优先创建了一个系统，尽管存在个人表现不佳的情况，但奥克兰运动家球队仍然坚持应用这个系统，因为他们目标更长远，即争取整个赛季的目标胜场以便进入季后赛。

《点球成金》为如今的市场人员提供了许多经验，尤其对于中小型企业，它们正处于我们所定义的数字化驱动营销的下一个级别：量化营销。出于必要性考虑，奥克兰运动家球队并没有采取循序渐进的方法来实施他们的新战略，比利·比恩和保罗·德波德斯塔是从上到下推动球队转型，通过重新培训教练和人工挑选具有团队所需技能、属性的球员来确保服从这一战略。数据优先对于转型的成功至关重要。

2.2 第 1 课：挑战传统，使用数据

“数据驱动营销”这个词虽已经出现了好几年，但全面应用依然难以做到，即便是对最大的公司而言也是如此。在 2015—2016 年对营销总监支出的调查中，高德纳宣布数字化营销已成为主流，这意味着数字化营销策略不再被单独对待，而是作为市场运营主要的增长和创新驱动力。根据 2018—2019 年市场总监支出调查，与人力、代理和媒体成本相比，营销技术支出占市场部预算的 29%，位居其

他事项之首，其中 9.2% 用于营销分析。

尽管营销技术和分析有数据和事实作支撑，但高德纳 2018 年的一项营销分析调查显示，超过 45% 的市场部巨资聘请的数据科学家在浪费时间执行基本活动，且超过一半的调查者对采用的建模技术存在疑虑。高德纳是通过调查 500 位“营销分析领导者”才得出上述结论的，即这些调查数据来自拥有充足市场预算的大型公司。对无法在营销分析上花费 500 万美元甚至更多的企业来说，这是个好消息，因为即便是大公司，它们在数据驱动营销方面也没有做好。

在这种情况下，规模更小意味着更灵活，并且拥有通过采用量化营销策略来创造竞争优势的机会。对大多数公司而言，数据驱动营销的下一级别依然是战术性的。即使有更多的预算用于技术和数据科学家，“营销分析领导者”也很难让他们的投资获得回报。我们认为造成这种情况的主要原因之一是，他们只是将分析视为当前营销业务的权宜之计。规模较小的市场团队有更好的机会从上到下进行真正转变，将数据优先的思维融入营销的每个阶段，包括设定目标、定义指标、进行测试和报告投资回报率。

戴维对战歌利亚：用数据驱动的数字化营销取胜

随着数字化营销的兴起，在一家技术型初创公司工作就像处于“完美风暴”中。21 世纪初，网站、搜索引擎优化，数字广告和营销自动化的增长对我们来说是非常好的时机。云端软件监控公司 ScienceLogic 的竞争对手是大型蓝筹股公司：IBM、CA、惠普、微软。这些公司在网络监控市场上已站稳脚跟，成为行业领导者。总的来说，它们占据了大部分市场，市场份额达数十亿美元，而且大多数客户在最初购买的多年后仍在支付高昂的维护费用。一家初创公司如何闯入这个小俱乐部？如果你是在惠普消费，则无须证明购买的合理性。相反，如果你在 ScienceLogic 消费，一定会去证明购买是否合理。不仅如此，在某些情况下，你会继续向惠普支付维护费用保证持续“拥有”，但实际上该数字营销系统一直会被搁置在“壁橱”中。

初期的数字化营销对小公司的市场人员来说是一个福音。在很多方面，它都为公平竞争创造了条件。某种程度上，网络上的实际规模并不重要，重要的是企业能够表现出的规模有多大、声誉有多高。通过应用搜索引擎优化和数字广告，企业能出现在更重量级玩家的搜索列表和广告旁边，甚至可以合法借用一些它们的资源。先发优势绝对适用，早在“云”成为众所周知的名词之前，我们在 2009 年就开始优化云计算的监控关键词，因为那个时候我们相信它会发展得很大，这个想法被证明是正确的。当这些关键词的搜索量几乎为零时，我们很快在 Google 搜索中将这些关键词排至第一，它们在 SEO 中成为非常有竞争力的术语后仍保持前 10 名或处于首页排名中。LinkedIn 广告平台处于早期阶段时，我们就用了较低的成本（与用在更成熟的 Google AdWords 平台上的成本相比），以及基于公司、职位、自我指定群体定位能力等进行竞争，结果是在花费了比预算少 82% 金额的情况下获得了比 Google AdWords 多 200% 以上的潜在用户。与大型竞争对手相比，我们的市场预算只是九牛一毛，但我们明智地使用了它，在我们可获得最佳 ROI 的领域凭借丰富的现成数字化，跟踪所有潜在客户完成交易的方式。没有在超级碗投放广告，我们的资金非常苛刻地花在了创造领先优势上，这相当于创收，而不是花费在无法具体衡量的品牌知名度上。

不要害怕质疑现状，要去尝试新事物，尤其是在数据能支持你的情况下。

2.3 第2课：虽无法赢得世界联赛，但能成为角逐者

通过运用比利·比恩和保罗·德波德斯塔创造的“点球成金”策略，奥克兰运动家球队多次进入美国联盟分区季后赛，但只获胜过一次，该队还能赢得世界联赛吗？这是战略的失败吗？

自2002年起，奥克兰运动家球队的胜利赛季要多于失败赛季，在美国联盟中排名为第一或第二的次数达11次。这在任何一本书中都被描述为一场胜利，尤其从获胜就得花大价钱的传统角度来看。

与早期的数字化营销相似，营销分析提供了同样的优势，为能够快速掌握它的市场人员赋能。现在机遇来了，小公司可以利用营销分析所提供的智能和效率与更强的对手进行有效竞争。

依靠数据做出更明智的决策可以快速增长，还可以让小公司的规模看起来要比实际大得多。对规模较小企业或新玩家而言，关键是要明白，拥有第一（或第二、第三）市场份额可能永远无法实现，但第四、第五或第六仍然可以有一席之地。例如，ScienceLogic的目标是筛选出监控网络（以及后来的“云”）中的潜在买家候选名单，即有可能完成交易的销售，由此可以在重要的RFP（方案建议书）

中，将数字化营销与那些严格遵守具备最佳 ROI 的活动相结合来实现目标。

2.4 第 3 课：常问“为什么”

于 1845 年创建的记分表，在 1859 年被体育记者亨利·查德威克改进，并记录下棒球比赛中影响胜负的重大事件。尽管这么多年发生了许多变化，但它今天仍在使用，基本上当你调到比赛节目时，在电视屏幕一角上看到的内容就是它。在 1977 年比尔·詹姆斯发表第一本《棒球摘要》时，他主要质疑了判断球队胜负原因的记分表指标的准确性。

> “我是一名数字机械师，”他写给第三本《棒球摘要》的读者，“修补棒球比赛的记录，观察棒球进攻的机制是如何运作的。我不会从数字开始，就像机械师不会从活动扳手开始一样。我从比赛开始，从我在那里所看到的和人们在那里所说的开始。我会问：这是真的吗？你能验证它吗？你能测量它吗？它如何与机器的其他部分配合？对于这些问题的答案，我去查阅记录……对我来说，值得注意的是像我这样做的人太少了。棒球有大量的记录，人们会谈论、争论并思考其中很大一部分的内容。可为什么没有人使用它们？面对这种或那种争论，为什么没有人说要去‘证明它’？”

詹姆斯质疑了所有的传统指标。通过对他自己费力收集的数以万计的棒球统计数据，以及为满足这种不断增长的需求而创建的企业所收集的更多数据进行分析，他发现得分记录表中所使用的一些指标并不能准确地解释某些情况。运用科学方法后，他否定了棒球中已经制度化的几个指标存在的价值，而每个人都认为这些指标是赢得比赛的重要因素。“盗垒很重要”“有时你需要做出牺牲”“击球远比保送要好（在查德威克的得分记录表中，‘保送’算作是‘失误’）”“平均击球率高的球队会获胜”，然而詹姆斯证明了所有这些观点都是错误的。后来，两位统计学家皮特·帕尔默（Pete Palmer）和迪克·克莱默（Dick Cramer）一起拓展了詹姆斯的研究内容，提出了在统计上很重要的两个数据——上垒率和长打率（OPS），这也是奥克兰运动家球队在招募和交易中评估球员价值时所使用的标准，同时作为第一支使用它们的球队，该队具备了其他球队没有的制胜优势。

当你读到这里时，你不禁会想：“当然，这说得通。”然而有趣的是，当他发行《棒球摘要》（1977—1984）时，最大的读者群体竟是棒球迷而不是棒球专业人士。大多数棒球经理对此不屑一顾，不过有一个例外是奥克兰运动家球队的某个经理，他后来成了比利·比恩的老板。即使在《点球成金》出版后，强烈反对的声音也很大，好像使用数据来决策棒球这样的想法是对之前的一切和人的一种侮辱。

让我们看看营销中属于这一类且目前一直在使用的指标，它们并没有对“获胜”（即提升销售 / 收入）做出贡献。有两个指标立即浮现在我脑海中：电子邮件打开率和网站流量。

将这些指标归到“旧的和无用的”类别之中可能并不是绝对的，如你的网站通过广告获得额外流量的收益，但这时你应该质疑这两个指标：它们为什么重要？

电子邮件打开率从一开始就出现在电子邮件报告中，尽管多年来衡量它的方式已经发生了变化。具体来说，每个电子邮件客户端都是不同的，而且与桌面端相比，在客户端上进行测量存在技术困难，这就使得测量非常混乱，以致我们中的一部分人在几年前就不怎么关注它了，虽然它仍出现在现存的电子邮件性能报告中，甚至被展示为第一个指标。为什么呢？是因为它一直存在，所以人们仍然期望它在那里吗？相比之下，点击率是一个更为重要的数据，它能显示广告活动与收件人的实际互动，仅仅因为一封电子邮件被“打开”并不意味着它被任何人实际阅读了。不加夸张地说，这可能意味着它只是某人收件箱中下一封会被立即删除的电子邮件。如果你在 Google 上搜索“电子邮件打开率”，就会看到许多公司希望帮忙提高这个指标，但很少有人谈论与它相关的其他问题。

网站流量是一个非常有趣的统计数据，对大多数人来说，它似乎是一个虚荣指标——看起来不错，但并不一定意味着它对公司有任何有用之处。通常它的数值很大，人们认为分享该数据时，它会使营销团队能够在某种程度上看起来是不错的。当你告诉 CEO，“我们本月网络流量上升了，本月我们有几百万或者上千万的访问者。”这显然会让 CEO 印象深刻。是的，但还有其他方面的内容吗？在很多方面，它与电子邮件打开率有相似之处，一个从最初就存在的指标，通常是你在 Google Analytics 中看到的第一项内容，但它对公司真正意味着什么呢？作为市场人员，我确实会关注这些数字，但只是为了看看是否有任何大幅下降的趋势需要深入研究，并且我不会指出这是一项成就，除非这是企业设下的特定目标。

那为什么市场人员仍然在报告、仪表板上使用这些指标来展示他们的活动和计划进展？在向 CEO 和财务总监汇报任何指标之前，你需要问自己："这为何重要？"因为如果你认为他们不会问这个问题，那你只是在自欺欺人，可能只是短时间内不会问出该问题而已。

每个人都喜欢黑马逆袭的故事，即便扬基队（Yankees）的球迷也可能如此。如果做得好，数据分析可能显著地改善市场活动，从而帮助你更好地竞争。无论企业目标是什么，如果你将数据分析与企业目标保持一致，数据分析会帮助公司获得更多客户、提供更好的客户体验、提高客户忠诚度并增加渠道和提高收入。无论规模大小，每家公司都一定要朝这个方向发展。如果你是一家大公司，你不这样做，则存在被淘汰的风险；如果你是一家规模较小的公司并且你这样行动了，那么你还会有成长的空间。

第3章

量化营销：转变市场部职能

越来越多的数据驱动或基于数据的营销成为市场人员讨论的热点话题。这看起来很简单，市场人员使用他们收集到的信息来制定策略并就相应内容、活动等做出更好的决策。但大多数公司，即使是具备投资数据分析资源和能力的营销“领导者”，也没有发挥它们可用的数据资源的全部潜力。很多时候，数据驱动营销仍然被认为是一种“附加组件”，市场人员并没有每天运用数据分析，而是将其定位在市场职能之外。很多数据驱动营销是被动的而非战略性的，并且总是在活动执行后被应用，而不是从开始制定战略和目标时就被采用。这似乎是可有可无而不是必须要做的事，难怪数据驱动营销仍处于边缘地带。

为了让数据驱动营销在任何组织都能被成功运用，市场部职能必须发生根本性的转变。我们要求市场人员接受大多数人以前从未做过的事情。你不能只是说："我们将开始数据分析以做出更明智的决策。"你需要为了成功建立一支市场部团队，并改变企业文化，在这种文化氛围中，数据是首要而非最后考虑的，这样量化营销才能发挥作用。

3.1 什么是量化营销

量化营销是一种新的营销策略，专注于智能利用当今可用的大量营销数据，在各个行业中创造真正的竞争优势。它将数据驱动营销与企业战略和目标相结合，需要对人力、流程、技术、数据和文化进行自上而下的转型。

首要之处在于，量化营销是具有战略性的，它需要市场人员和企业转变思维方式并具备相应的技能；它植根于市场经验，需要利用当前的数字化营销和营销技术机会对市场部进行全面投资才能取得成功。

现实中有很多采用数据驱动营销的 B2C 公司，在大数据和人工智能的协助下得到进一步发展。在 B2C 领域中，广泛应用数据驱动营销将从独特的竞争优势概念转化为竞争所需的事项。

由于预算限制、缺乏数据、技能稀缺等各种因素，B2B 领域的公司运用数据驱动营销的速度较慢。用于 ROI 报告、顾客归因和市场情报的营销技术工具日益成熟，可供所有人使用，这让 B2B 营销领域的早期使用者可以利用这些优势。仅在 2019 年一年，可视化分析市场的收购向我们发出了重大信号，表明整个市场都在朝这个方向发展。Salesforce 以 157 亿美元的价格收购了 Tableau，Google 以 26 亿美元的价格收购了 Looker。

如今，营销数据分析是市场人员的新战场，早期接纳者将使企业在竞争中获得胜利。营销数据分析可以清晰明了地向 CEO 和其他高管等利益相关者展示，数据如何转化为真正的价值。采用量化营销策略不仅能让市场人员获得成功，还可以开发有价值的技能，由于所有公司都将走上量化营销的道路，这些技能将在就业市场上受到越来越多的追捧。

3.2　为何要进行量化营销

大多现已开展数据驱动市场的企业，执行力还远远不够。如果做得好，这将会是市场部职能从制定战略和目标到实际执行的根本性转变。量化营销体现了这一变化，能够将数据驱动市场部提升至一个新的水平。为了实现这一目标，量化营销：

- 向当代市场人员传达了数据的重要性。无论是好是坏，没有其他事物能如此影响我们的市场工作和推广 ROI。数据，更具体地说，是从数据中获取情报，可以为企业创造真正的竞争优势；相反，当其他人都在关注数据时，无法有效使用它的企业将处于竞争劣势。
- 是一种思维模式。它会提示市场人员从规划阶段就开始考虑，如何生成、收集、整合和分析来源于所有市场活动及渠道的数据。所有活动都应始终保持一致，不仅要与市场部目标一致，还应与企业的目标和战略保持一致，查验与企业目标和战略相关的营销价值的唯一方法便是利用数据。

- 强调的是一种与日常市场运营截然不同的方法。数据显示的结果是公开透明的，市场人员应该在此基础上改进下一个活动，之后的活动依次类推，使市场部在迭代过程中变得更强大、更好和更高效。

3.3 为什么市场部门还没有这样做

如果每个人都知道他们应该使用数据驱动营销来更快地做出更明智的决策，那么他们为什么还没有这样做呢？我们在第 2 章中介绍了其中的一些内容，人们默认从事他们一直以来的工作，特别是在其他人也这样做的情况下。大多数市场人员回答“什么”和“多少”的问题，但往往不回答“为什么”的问题，我们在第 1 章讨论数量与价值指标时也提到了这一点。根据我们在市场部门的工作经验以及与各行各业的客户市场团队合作的经验，我们发现任何市场人员都会理解和产生同理心。

3.3.1 忙

市场团队热衷于采用新的营销技术，这是一个永无止境的循环。如前所述，营销技术生态图正以指数级增长，人们担心如果不跟上步伐就会落后。除了营销技术可以开辟新的渠道、市场和细分市场之外，仅仅是跟上现有营销技术的变化或将现有基础设施更换为最新和“最好的”，然后去学习全新的系统就已经是一个繁忙的工作了。市场营销是为了确保你能执行，所以花时间专门制定战略，然后确保你能坚持该战略是次要的，前提还得是你有这么多时间实现目标。

本应提供帮助的营销技术甚至可能成为问题的来源。最近，我们评估了公司可替代的营销自动化工具。当然，特别值得关注的是每个工具的报告功能。在实施过程中营销自动化工具有各种各样的问题需要考虑，以及它们将如何影响我们的评估和团队？

- 我们能否获得目前拥有的推广 ROI 报告？
- 利用多少个营销技术系统，我们才能具体做到这一点？
- 我们是否需要结合 CRM 来获得与业务相关的市场指标，以及能否只从一个系统中提取我们需要的所有指标？

为了确定答案，我们向销售人员咨询了该工具如何生成 ROI 报告的问题。

我们：这份 ROI 报告中线索来源是怎么设置的？是首次触点归因还是末次触点归因，或者是手动设置的？

销售人员：我认为是首次触点归因。

我们：有什么方法可以改成多触点归因吗？

销售人员：我们的客户只想要首次触点归因。

真的吗？市场人员所做的所有工作都是为了多次“触达”潜在客户，通过不同的方式，努力让他们保持兴趣，让自己的产品（服务）成为他们的首要考虑，并希望把他们转化为真实客户，难道你们只需要通过第一次的营销活动绩效就获得对企业 ROI 的所有贡献吗？这是不正确的。我们明白这是一名销售人员在试图绕过我们可能遇到的反对意见，但它说明了营销技术的另一个问题。

毫不怀疑，许多市场团队都依赖这些现成的报告。对某些人来说，这只是时间和方便的问题，对于另一些人，这便是要说明的第二点……

3.3.2 难

通过导航、定制和整合很可能是多个营销技术系统的数据来获得企业所需的报告，其所涉及的工作量十分庞大，你甚至不知道从哪里开始，更不知道团队内部有没有完成它所需的技能。与此同时，下周你还有另外三个活动要开展。

即时即用的性能和 ROI 报告已经足够理想了，不是吗？但当谈到量化营销时，答案却是否定的。每个企业都是独一无二的，企业目标是独一无二的，你所处的竞争环境是独一无二的，你的资产是独一无二的（是你创造了它们），推动销售和市场引擎发展的指标也是独一无二的。如果没有定制化，现成的报告无法使用自己的数据，便无法为你提供用来提高市场部绩效和效率完整且独特的构图。如果使用数据分析来创造竞争优势是关键，那么为什么你依赖任何人（包括竞争对手）都可以轻松生成报告？若你有时间和技能来改变它，你当然也能够做到，我们希望在本书的第二部分给你一些关于如何做到这一点的具体提示。

当你能做到这种改变时，请为你将这些报告带到下一次执行会议上 CEO 提出的质疑内容做好准备，而且 CEO 会提出越来越多的质疑。

3.4 开始转型

量化营销的转型涉及市场部的方方面面，从人力、流程和技术到数据战略、管理以及整体组织文化（见图 3–1），它需要市场团队的运营方式、使用的营销技术，甚至市场人员的技能发生根本性转变。

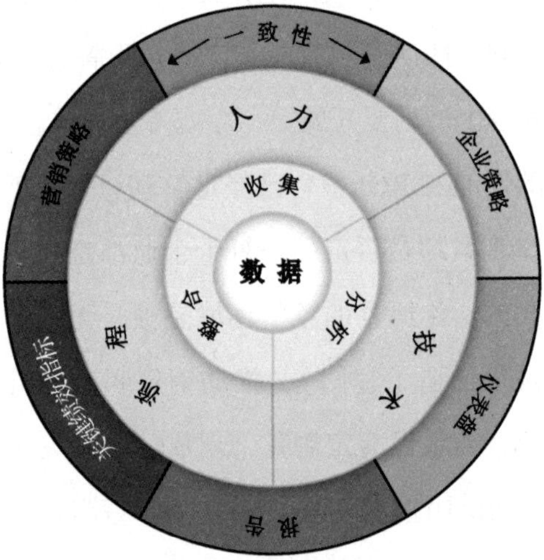

图 3–1 量化营销框架

采用量化营销首先要定义市场部目标并将其与企业目标保持一致，同时确保销售人员和CEO等关键利益相关者达成共识。定义目标之后，你们需要针对指标或关键绩效指标达成一致，这些指标或关键绩效指标将展现依据目标设立的市场活动绩效，并规定好如何以及在何处获取这些数据。如果需要销售人员输入用于可视化关键绩效指标报告或仪表盘中使用的数据，那么你可能要修改销售流程来获取所需数据。为了获得这些关键绩效指标并进行有效的分析，某些数据可能要保存在可访问的不同存储介质中，或者可能需要某种水平的整合。创建活动时，你必须确保活动执行本身所需的任何数据都将以你可使用和可访问的形式获取。这可能意味着要创建新的数据库字段，你需要定义如何使用这些数据并将其传达给可能需要知道的任何人（如销售、运营等）。根据活动和渠道，你可能需要使用新的营销技术平台（如新的网络研讨会平台），在这种情况下，用来评估平台的标准之一便是：你是否能获取数据以及如何访问数据。这些数据是你基于活动、关键绩效指标和商定目标来看认为需要的。你能否根据这些数据创建出所需的报告和仪表盘，或者是否应该将该平台与现有的可视化工具结合在一起？

上述只是量化营销思维方式对于日常市场活动意义的一个示例。如你所见，此处紧迫的工作是考虑你需要捕获、分析和可视化今后营销绩效的数据，以及随之而来的所有细节内容。

转型的五个步骤

本书的第二部分将更详细地介绍上面描述的量化营销转型的五个步骤。

（1）市场部—企业一致性：与主要利益相关者保持一致，并且就重要的指标达成共识。

（2）数据集成、体系结构和技术资源：跨营销技术堆栈及更高级别的数据策略和数据管理。

（3）数据分析：如何分析数据并发挥价值。

（4）量化营销活动框架：在日常市场任务中接受数据优先的理念。

（5）量化市场部人员配置和文化：招聘、再培训和建设数据优先文化。

请记住，转型的目标是持续改进。量化营销的转型不是一夜之间能够完成或一蹴而就的。确保市场部目标与企业目标的关联不只存在一次市场活动中，而是次次都要。定义数据策略需要随着业务需求的变化进行变动，评估营销技术、设立平台或工具和通过整合数据来支持制定策略是持续性的工作，分析平台工具产生的数据和定义流程同样如此。市场人员需要接受培训或进行再培训，直到数据和分析成为他们想到的首要事务，而不是最后一个或根本不考虑的事务。量化营销市场活动框架可以通过指导员工进行日常市场活动来帮助他们接受全新的数据优先文化。

第二部分首先提到的内容是自我评估。我们引入了量化营销成熟度模型，你对评估的回答有助于确定公司所处的位置，同样重要的是，你希望公司所在的位置。

第二部分

组织转型：采用量化营销

第4章

评估组织的市场营销成熟水平

在本书的第二部分，我们将讨论如何建立一个数据优先的市场部门。要了解你需要关注哪些工作，首先需要评估你的市场部门目前处于量化营销市场部门成熟度模型的哪个位置。根据图4-1，你的组织现在处于哪个位置？一年后你想在哪个位置？

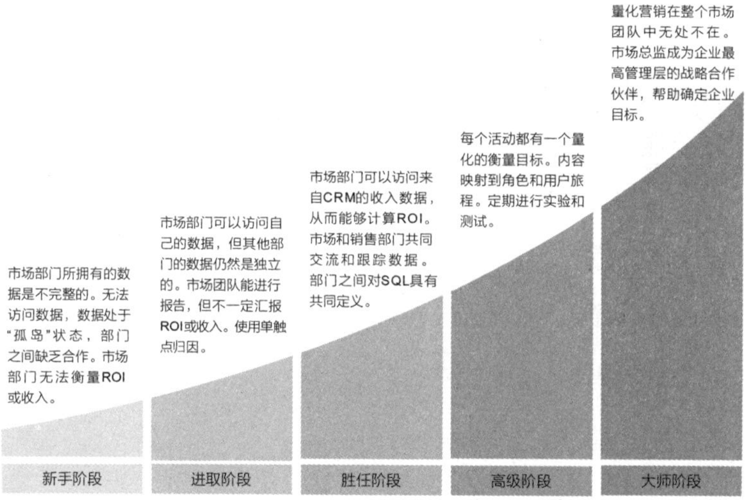

图4-1　量化营销市场部分成熟度模型

完成量化营销的评估有助于确定需要改进的领域。接下来，本书的第二部分将更详细地介绍完成量化营销转型的步骤。

量化营销评估分为五个部分。请对下面每个问题描述的同意程度做出选择，并在最后统计出分数。你可能会注意到选项 c、d 和 e 对应的分值都为 0，这么做是有意为每个问题加权，因为每个问题都与量化营销成熟度模型的阶段有关。即使这三个选项的分数相同，你也要尽可能如实地回答每个问题，因为这些答案将帮助你评估后文中哪一章对组织的成长最有帮助。

一、使营销与企业保持一致

1. 市场部门被视为我们公司的收入中心（相对于成本中心）。

   a. 非常同意（5）

   b. 有些同意（3）

   c. 不确定（0）

   d. 有些不同意（0）

   e. 非常不同意（0）

2. 整个组织都认为市场营销为企业提供了极高的价值。

   a. 非常同意（5）

   b. 有些同意（3）

   c. 不确定（0）

   d. 有些不同意（0）

   e. 非常不同意（0）

3. 市场策略与企业策略一致或市场策略依据企业策略而制定。

a. 非常同意（5）

b. 有些同意（3）

c. 不确定（0）

d. 有些不同意（0）

e. 非常不同意（0）

4. 市场部门明确地将其目标和目的与公司的目标和目的保持一致。

a. 非常同意（5）

b. 有些同意（3）

c. 不确定（0）

d. 有些不同意（0）

e. 非常不同意（0）

5. 市场部门和销售部门紧密结合。

a. 非常同意（5）

b. 有些同意（3）

c. 不确定（0）

d. 有些不同意（0）

e. 非常不同意（0）

6. 市场部门合格线索（MQL）有明确的定义。

a. 非常同意（5）

b. 有些同意（3）

c. 不确定（0）

d. 有些不同意（0）

e. 非常不同意（0）

7. 销售合格线索（SQL）有明确的定义。

a. 非常同意（5）

b. 有些同意（3）

c. 不确定（0）

d. 有些不同意（0）

e. 非常不同意（0）

8. 销售团队就销售合格线索（SQL）的定义达成共识。

a. 非常同意（5）

b. 有些同意（3）

c. 不确定（0）

d. 有些不同意（0）

e. 非常不同意（0）

9. 市场团队直接与销售人员合作来定义目标用户。

a. 非常同意（5）

b. 有些同意（3）

c. 不确定（0）

d. 有些不同意（0）

e. 非常不同意（0）

10. 市场领导层在制定市场策略时积极寻求销售领导层的意见。

a. 非常同意（5）

b. 有些同意（3）

c. 不确定（0）

d. 有些不同意（0）

e. 非常不同意（0）

11. 市场部门可以访问我们需要汇报的商机和已完成交易的销售相关数据。

a. 非常同意（5）

b. 有些同意（3）

c. 不确定（0）

d. 有些不同意（0）

e. 非常不同意（0）

12. 我对销售数据的准确性有高度信心。

a. 非常同意（5）

b. 有些同意（3）

c. 不确定（0）

d. 有些不同意（0）

e. 非常不同意（0）

二、体系结构和技术资源

13. 市场部门清楚地了解哪些系统包含我们汇报时所需的数据。

a. 非常同意（5）

b. 有些同意（3）

c. 不确定（0）

d. 有些不同意（0）

e. 非常不同意（0）

14. 市场部门可以访问包含我们汇报所需数据的系统。

a. 非常同意（5）

b. 有些同意（3）

c. 不确定（0）

d. 有些不同意（0）

e. 非常不同意（0）

15. 市场部门能够自信且具体地汇报 ROI。

a. 非常同意（5）

b. 有些同意（3）

c. 不确定（0）

d. 有些不同意（0）

e. 非常不同意（0）

16. 我们的营销技术堆栈是完全集成的。

a. 非常同意（5）

b. 有些同意（3）

c. 不确定（0）

d. 有些不同意（0）

e. 非常不同意（0）

17. 我们可以通过一个平台（如仪表盘）访问销售收入报告和 ROI 所需的数据。

a. 非常同意（5）

b. 有些同意（3）

c. 不确定（0）

d. 有些不同意（0）

e. 非常不同意（0）

18. 我们与其他高管分享并展示我们的数据。

a. 非常同意（5）

b. 有些同意（3）

c. 不确定（0）

d. 有些不同意（0）

e. 非常不同意（0）

19. 我们构建图表来与高管沟通数据。

a. 非常同意（5）

b. 有些同意（3）

c. 不确定（0）

d. 有些不同意（0）

e. 非常不同意（0）

三、分析数据

20. 我对市场团队正确地收集和分析营销数据的能力有高度信心。

a. 非常同意（5）

b. 有些同意（3）

c. 不确定（0）

d. 有些不同意（0）

e. 非常不同意（0）

21. 我们明确定义销售漏斗或用户旅程中的各个阶段。

a. 非常同意（5）

b. 有些同意（3）

c. 不确定（0）

d. 有些不同意（0）

e. 非常不同意（0）

22. 我非常相信我们正在衡量 ROI 和收入的正确数据。

a. 非常同意（5）

b. 有些同意（3）

c. 不确定（0）

d. 有些不同意（0）

e. 非常不同意（0）

23. 我们使用销售转化数据来提高我们活动的效率和表现。

a. 非常同意（5）

b. 有些同意（3）

c. 不确定（0）

d. 有些不同意（0）

e. 非常不同意（0）

24. 我们拥有内部或外部的数据专家资源，可以协助我们分析数据。

a. 非常同意（5）

b. 有些同意（3）

c. 不确定（0）

d. 有些不同意（0）

e. 非常不同意（0）

四、活动框架

25. 我们的市场团队会在活动开始时思考我们想要收集的数据和衡量标准。

a. 非常同意（5）

b. 有些同意（3）

c. 不确定（0）

d. 有些不同意（0）

e. 非常不同意（0）

26. 每次市场活动都有明确的、可衡量的目标。

a. 非常同意（5）

b. 有些同意（3）

c. 不确定（0）

d. 有些不同意（0）

e. 非常不同意（0）

27. 我们的市场团队会构建用户画像。

a. 非常同意（5）

b. 有些同意（3）

c. 不确定（0）

d. 有些不同意（0）

e. 非常不同意（0）

28. 用户画像是根据现有客户的个人资料数据构建的。

a. 非常同意（5）

b. 有些同意（3）

c. 不确定（0）

d. 有些不同意（0）

e. 非常不同意（0）

29. 市场部门创建了一个与用户画像和客户漏斗各阶段相匹配的内容地图。

a. 非常同意（5）

b. 有些同意（3）

c. 不确定（0）

d. 有些不同意（0）

e. 非常不同意（0）

30. 我们的市场团队每年至少检查并更新内容地图一次。

a. 非常同意（5）

b. 有些同意（3）

c. 不确定（0）

d. 有些不同意（0）

e. 非常不同意（0）

31. 我们的内容营销团队使用内容地图来策划内容创作。

a. 非常同意（5）

b. 有些同意（3）

c. 不确定（0）

d. 有些不同意（0）

e. 非常不同意（0）

32. 创作的每则内容都有一个可衡量、可量化的目标。

a. 非常同意（5）

b. 有些同意（3）

c. 不确定（0）

d. 有些不同意（0）

e. 非常不同意（0）

33. 市场团队协同工作来对跨渠道和平台进行管理。

a. 非常同意（5）

b. 有些同意（3）

c. 不确定（0）

d. 有些不同意（0）

e. 非常不同意（0）

34. 我们现有的营销技术堆栈满足或超过了我们市场部门数据跟踪和报告的需求。

a. 非常同意（5）

b. 有些同意（3）

c. 不确定（0）

d. 有些不同意（0）

e. 非常不同意（0）

35. 我相信当前的营销技术堆栈正在提供准确的报告和数据。

a. 非常同意（5）

b. 有些同意（3）

c. 不确定（0）

d. 有些不同意（0）

e. 非常不同意（0）

36. 我们定期对市场策略进行 A/B 测试或多变量测试。

a. 非常同意（5）

b. 有些同意（3）

c. 不确定（0）

d. 有些不同意（0）

e. 非常不同意（0）

37. 我们有一个较好的归因模型。

a. 非常同意（5）

b. 有些同意（3）

c. 不确定（0）

d. 有些不同意（0）

e. 非常不同意（0）

38. 我们目前使用的归因模型是：（请选择所有正在使用的模型）

a. 首次触点模型（2）

b. 末次触点模型（2）

c. 多触点模型（5）

d. 我们目前没有归因模型（0）

39. 我们使用来自渠道和平台默认生成的报告作为主要报告。

a. 非常同意（5）

b. 有些同意（3）

c. 不确定（0）

d. 有些不同意（0）

e. 非常不同意（0）

40. 市场部门定义了可量化的关键绩效指标。

a. 非常同意（5）

b. 有些同意（3）

c. 不确定（0）

d. 有些不同意（0）

e. 非常不同意（0）

五、接受数据优先

41. 市场总监与 CEO 有着密切的战略关系。

a. 非常同意（5）

b. 有些同意（3）

c. 不确定（0）

d. 有些不同意（0）

e. 非常不同意（0）

42. 市场总监与财务总监有着密切的战略关系。

a. 非常同意（5）

b. 有些同意（3）

c. 不确定（0）

d. 有些不同意（0）

e. 非常不同意（0）

43. 市场总监与销售总监有着密切的战略关系。

a. 非常同意（5）

b. 有些同意（3）

c. 不确定（0）

d. 有些不同意（0）

e. 非常不同意（0）

44. 市场总监与首席信息官（CIO）或 IT 部门有着密切的战略关系。

a. 非常同意（5）

b. 有些同意（3）

c. 不确定（0）

d. 有些不同意（0）

e. 非常不同意（0）

45. 市场团队表现出成长思维。

a. 非常同意（5）

b. 有些同意（3）

c. 不确定（0）

d. 有些不同意（0）

e. 非常不同意（0）

46. 市场人员具有很强的批判性思维能力。

a. 非常同意（5）

b. 有些同意（3）

c. 不确定（0）

d. 有些不同意（0）

e. 非常不同意（0）

47. 市场部门记录并遵循既定流程。

a. 非常同意（5）

b. 有些同意（3）

c. 不确定（0）

d. 有些不同意（0）

e. 非常不同意（0）

48. 市场部和组织目标是每位员工评估的一部分。

a. 非常同意（5）

b. 有些同意（3）

c. 不确定（0）

d. 有些不同意（0）

e. 非常不同意（0）

现在，把你的分数加起来。每个答案的分数显示在你选择的答案之后的括号中。

你做得怎么样？请将你的总分与成熟度模型的分值范围进行比较，参考图 4–2。

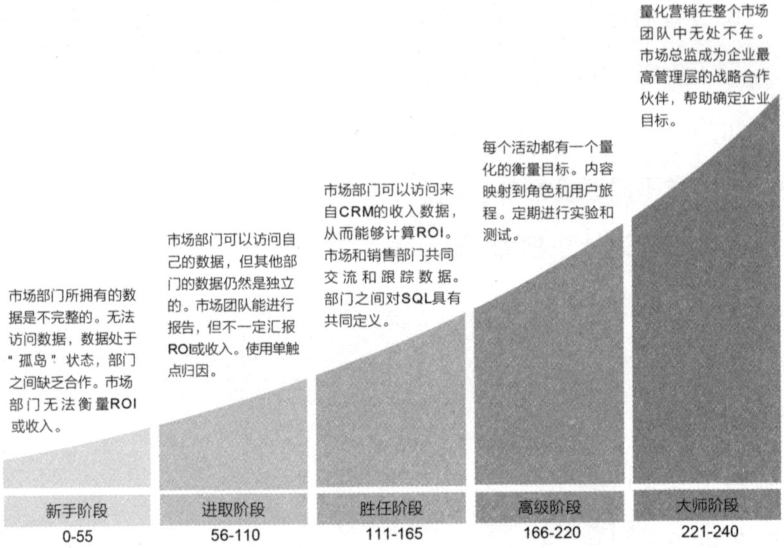

图 4-2　量化营销市场部门成熟度模型

0-55：新手阶段

如果组织得分在新手阶段分值范围，你在启动量化营销时会经历一段困难时期，因为这一阶段的组织通常缺乏访问所需数据的途径，或者这些数据可能存储在组织的各个“孤岛”中。因为没有基础数据，组织几乎不可能衡量 ROI 或收入。

在这个阶段，组织还没有准备好访问自己的数据来进行分析，更不用说充分利用它们了。在进行分析之前，流程、数据和技术架构以及其他领域很可能需要进行大整改。处于新手阶段的组织主要利用个别营销技术平台现成的报告，并且只有有限的或根本没有销售和营销整合的报告。

本书接下来的章节将一步步引导你走上正确的道路，开始跟踪数据和共享整个组织的数据，以及随着量化营销成熟度模型的发展制定营销技术计划并进行营销分析。

56-110：进取阶段

如果组织得分在进取阶段分值范围，证明你已经开启了数据优先的进程，但仍有很长的路要走。这个阶段的组织可能采用了单触点归因模型，并可以使用自己的营销数据进行分析。然而，此时仍然无法访问整个组织的数据，如来自销售团队和 CRM 的收入数据，与销售团队的关系也很松散。组织虽有数据优先的发展趋势，但数据并不完整。

回顾评估环节，它被分成五个部分，分别与接下来的五个章节对应。重点关注组织得分最低部分对应的章节。虽然回顾五个步骤都有帮助，但要特别关注与你组织中最需要发展以实现量化营销相对应的章节。

111-165：胜任阶段

如果组织得分在胜任阶段分值范围，那么你的成功之路会很顺利。不过再次强调，你依然存在很大的成长空间。此阶段的组织也许可以访问收入数据并计算营销 ROI，也可能会围绕市场和销售漏斗以及销售合格线索（SQL）的流程定义与销售保持高度一致。这种一致性体现在营销工具更加紧密的集成上，如营销自动化和销售 CRM，使得 ROI 和基于目标的报告通过一些多触点归因模型得出。

处于胜任阶段的组织需要重点关注哪些领域来实现量化营销

呢？同样地，回顾评估环节，它被分成了五个部分，分别与接下来的五个章节相对应。重点关注组织得分最低部分对应的章节。虽然回顾五个步骤都有帮助，但要特别关注与你组织中最需要发展以实现量化营销相对应的章节。

166-220：高级阶段

如果组织得分在高级阶段分值范围，那么你基本掌握了数据优先的原则。从流程到数据集成，你的组织与销售部门完全保持一致。通过这种一致性，市场部门能够根据实际客户数据构建明确的用户画像，并根据这些客户数据为市场活动创作内容和制定目标。市场部组织可以访问统一的数据视图，并进行可定制化和可视化的分析。营销运营数据会被定期分析，并由部分而非全部市场团队用于提高市场活动和计划的效率与表现。

处于高级阶段的组织需要关注哪些领域来实现量化营销？同样地，回顾评估环节，它分成了五个部分，分别与接下来的五个章节相对应。重点关注组织得分最低部分对应的章节。虽然回顾五个步骤都有帮助，但要特别关注与你组织中最需要发展以实现量化营销相对应的章节。

221-240：大师阶段

得分高于220的组织目前处于量化营销成熟度模型的大师阶段。这个阶段的组织拥有量化营销转型所需的所有要素：人力、流程、技术、数据，尤其是文化。通过营销数据洞察得出的结果被整个市场团队用于日常市场活动。市场部门与企业保持一致，市场被公认为快速创新和成长的驱动力。

并非所有组织都能达到大师阶段。我们预计大多数转型的组织会以高级阶段为目标，但更多可能是处于胜任阶段的同时具备高级阶段的某些能力。

如果你仔细观察不同的阶段，就会发现公司的规模（和市场预算）并不是达到某个阶段的影响因素。当然，大型公司有能力聘请数据科学家，但正如我们在高德纳 2018 年营销分析调查中看到的那样，45% 的市场部门拥有这些昂贵的资源来执行基本任务，最明显的工作却是清理数据，这只能表明它们有正确的数据用于转变。换言之，这意味着这些组织在没有充分准备的情况下去尝试正确分析之前，它们就从未进入进取阶段或胜任阶段。虽然大公司可以负担得起 CDP（客户数据平台）来获得统一的数据视图和资源来帮助自己正确地做到这一点，但与小公司相比，它们的要求可能要复杂得多。另一方面，大公司可能已经花费了很多的时间、资源来定义目标和战略，而小公司可能更多地处于被动或生存模式，其中唯一的“战略”就是获得收入。

无论你处于哪个阶段，都不要为你今天的处境而气馁，重要的是开始改变。记住这句格言：做事要一步步脚踏实地，不要急于求成。开始行动起来吧！

第5章

第1步：市场部门与企业的一致性

首先，实现量化营销需要将市场的战略目标与企业的战略目标保持一致。但是，市场总监通常不会参与设定这些组织目标。部分原因可能是市场团队被边缘化，仅作为企业的成本中心而不是创收部门。要改变这种状况就需要与公司的主要利益相关者（包括CEO，以及销售、财务和IT领导层）建立人际关系。

在本章中，我们将讨论量化营销流程的第一步：使市场团队与战略性业务团队和合作伙伴保持一致。这些合作伙伴关系不仅可以帮助我们理解企业目标，还可以提升市场部的地位，并为我们评估企业目标指导下的市场绩效所需的数据提供帮助。

5.1 市场部门是成本中心还是收入中心

你的公司对市场部门的看法如何？如果此刻在你的公司投票，CEO 和其他高管会将市场部门视为成本中心还是收入中心？成本中心通常被视为产生必要业务费用的部门，但它依然是一项费用，而收入中心则被视为产生业务收入的部门。对许多组织的财务利益相关者（一般是财务总监和 CEO）而言，市场预算合理性与战略、绩效指标之间只有微弱的联系。从财务总监的角度来看，市场部门是一个成本中心而不是收入中心。2018 年协调市场和销售的创业公司 Bizible 发布的渠道状况报告指出，超过一半的市场人员认为市场部门被企业视为成本中心而不是收入中心。

专注于资产管理相关市场营销发展趋势的机构 Chief Marketer 在 2016 年开展的一项调查发现，超过 50% 的高管认为公司的市场支出并未显著产生利润，甚至收入。试图向组织证明市场预算的合理性或说服组织提高预算，对市场团队而言是一个非常困难的问题。

此外，当需要裁员时，被视为成本中心而不是收入中心的市场部门成了焦点。正如在线职业发展平台 WorkItDaily.com 的创始人兼 CEO、前人力资源主管 J.T. 奥唐奈（J.T.O’Donnell）在《企业》杂志（*Inc.magazine*）的一篇文章中提出的警示一样，“在经济危机时期，企业会注重留下那些能带来最大投入产出比（ROI）的人员”。

那么，市场部门该如何改变这种状况并让组织视其为收入中心呢？首先要向 CEO 和高管展示市场部门的价值，特别是使用数据来展示市场活动是如何提高公司价值和收入的。

5.2 将市场部门的印象从成本中心转变为收入中心

考虑到 CEO 和企业的主要目标是通过创收来增加企业价值，那么市场团队可以提供哪些指标来证明营销的成功？显然，收入是最好的衡量指标，但如果市场团队无法访问该数据怎么办？与所有目标一样，从目标开始反向推导，以确定哪些步骤（在这种情况下可视为指标）有助于确定实现该目标的进展情况。

衡量创收可能涉及通常不由市场团队拥有或管理的系统，尤其是对那些不使用网络手段或途径产生收入的公司。然而，对 Software-as-a-Service（SaaS，软件服务化）公司而言，市场团队可以通过拥有的工具来确定 ROI，如 Google Analytics。使用 Google Analytics 的电子商务工具进行跟踪，公司可以直接查看创收情况并了解归因的特定活动和营销渠道。

相比之下，线下创收公司面临着更大的挑战，它们需要整合各系统中的数据以计算真实的市场活动 ROI 指标。当市场人员希望从这些系统中收集数据时，首先必须了解我们想从这些系统搜寻哪些指标。市场人员可能拥有营销系统中的定量数据，但可能无法获得所需的所有数据，这取决于具体想要衡量的企业目标。此外，某些指标还需要销售团队或其他部门在其系统中刷新数据使其达到最新状态，如果销售人员不更新销售收入数据，那么收入潜力报告将会失真。

通过与主要利益相关者建立关系，市场总监和市场团队可以获取来自公司其他领域的信任和支持。通过这些合作伙伴关系，市场部门可以获得其向公司汇报的最重要指标（包括收入）所需的数据，从而创造市场部门作为收入中心而非成本中心的声誉和价值。

5.3 获得主要利益相关者的支持

数据的美妙之处在于，我们一旦就重要的数据和数据衡量标准达成一致，它就可以在多个业务组之间创建一种通用语言。高德纳高级分析师卡莉·伊多因（Carlie Idoine）表示："随着数据和分析变得无处不在，以这种语言进行交流的能力成为企业需要拥有的新能力。如果没有通用语言来解释组织中的各种数据源，那么在使用基于数据分析的方案时就会面临基本沟通的挑战。"无论你面对的利益相关者是谁，共享共同的数据衡量标准和目标都是组织成功的关键，对市场部门的成功而言也是如此。

但我们也必须谨慎，不要让利益相关者被大量数据所困扰。因为检查每个数据点将导致利益相关者产生数据疲劳或使其分心，每个利益相关者都有必须要解决的其他优先事项。

5.3.1 CEO

组织中的每个角色都有自己的职责，CEO 也不例外。以体育作类比，CEO 相当于团队的教练和总经理，如果教练或总经理没有达到球队的目标，他们就会被解雇。企业中的 CEO 通常也是如此。

维基百科将 CEO 定义为"负责实现价值最大化，其中可能包括最大化股价、市场份额、收入或其他因素"。许多 CEO 受雇于董事会并向董事会汇报。当董事会每季度开会审查 CEO 在上个季度的表现时，他们实际上是在衡量该期间公司的表现，所有的责任都落在CEO身上。

即使一家没有董事会或未公开上市的公司，CEO仍承担着通过收入实现公司价值最大化的核心责任。简单的损益原则表明，如果公司没有获得足够的收入，则必须削减开支，全面削减成本，包括市场预算和员工方面。归根结底，你的CEO在意并考虑的是提高公司的价值，为股东带来价值并保证公司的生存力。

出于这种考虑，CEO为组织制定了特定的成功指标，其中最重要的就是创收和股价。回想一下，虽然ROI和收入报告是理想的，但85%的CEO希望市场人员至少要汇报如下事项：

（1）销售潜在机会（SQL）

（2）销售线索/销售机会率

（3）合格销售线索的平均获取成本

（4）机会收入的潜力（即销售渠道）

（5）产生的收入

虽然我们可以在市场团队内部使用关键绩效指标和衡量指标来了解我们在ROI、收入及上述5项上的进展，但最终我们向CEO报告的重点应集中在最能证明市场工作增加收入方面的指标和ROI。

CEO已经准备好相信市场部门，并欣然接受将市场部门纳入整体业务目标并进行目标设定。麦肯锡公司2019年的一项研究报告称，83%的CEO期望让市场部门成为企业增长的主要驱动力。然而，要让CEO站在你这一边，市场部门必须证明其如何推动企业成长。有了正确的数据和衡量标准，市场部门可以向CEO和整个组织证明自己的价值，但这需要整个高管层面的更大转变和更紧密的合作。

5.3.2 销售部门领导者

与 CEO 类似，销售领导者的表现最终将通过创收衡量。多数情况下，销售团队专注于创收，通过销售提成获得经济激励。但是，如果没有市场部门的支持，销售部门领导者无法实现团队的目标。不巧的是，如图 5–1 所示，虽然销售团队经常认为市场部是“具有创造性的”和“灵活的”，市场工作并不总被视为“以结果为导向的”。

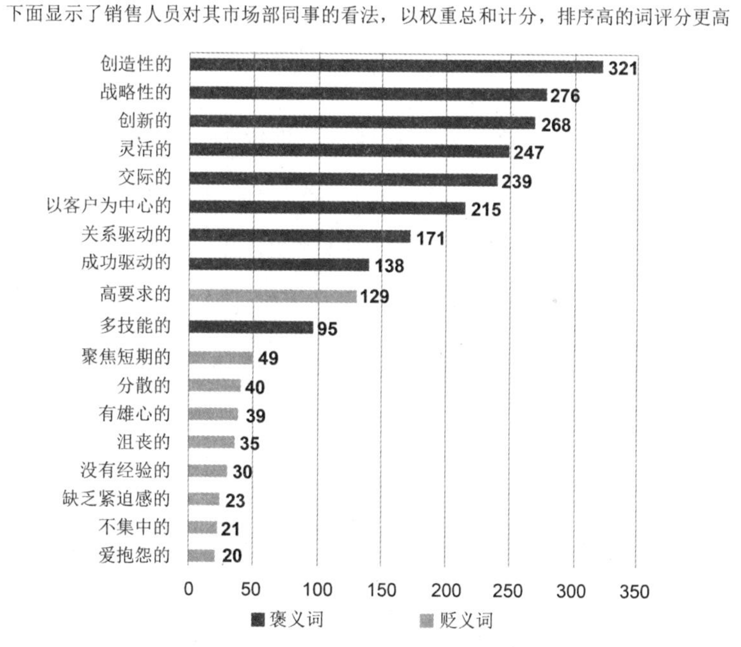

图 5–1 销售部门如何看待市场推广工作

资料来源：关于 LeadMD 的销售与市场部门一致性的调查，标杆与洞察报告 © 2019 LeadMD & Drift。

你阅读的任何研究几乎都证实市场与销售实现高度协调的公司比未实现的公司能获得更高的收入。领英的研究表明，销售和市场协调一致的企业在完成交易方面的效率提高了 67%，在保持用户方面的效率提高了 58%，并且市场部贡献带来的收入提高了 208%。

在如何看待市场部门以及市场部门在公司战略目标制定中的参与度方面，尽管公司每个利益相关者都能在其中产生影响，但应该没有什么比市场部门与销售部门之间的关系更重要和更直接的了。改变销售人员对市场工作的看法并证明市场部的价值取决于对销售目标的量化衡量，但前提是，市场部门必须真正做到与销售部门协调一致。

销售和市场的协调一致究竟指什么？包括量化营销在内的许多事情，公司内存在一系列的一致性。一种极端情况是销售部门和市场部门是相互独立的组织，这样的一致性存在限制，两者之间不交流或没有共同的目标，甚至市场部门可能在不考虑实际销售需求和销售应用的情况下创作内容及开展活动。

两个部门的数据和报告很可能是分开且独立的，这意味着从获取线索到客户收入的端到端报告是不可能获得的。

根据 Altify 于 2017 年开展的业务绩效基准研究，虽然大多数市场部门和销售部门都表示两者合作良好，但只有 54% 的销售人员认同“我们公司的市场工作是对公司资源的有效投资”。市场人员要乐观得多，有 86% 的人认同该说法。那么，是什么导致了销售部门和市场部门之间的脱节？

Televerde（2017）在其“销售部门需要和想要从市场部门中得

到什么”的研究中调查了 200 多位销售部门领导者。销售部门给出造成这种不一致的前三个原因是：

①缺乏定期沟通（37%）

②客户鉴别流程（30%）

③销售部门和市场部门绩效衡量方式的差异（33%）

1. 定期沟通

如果我们真的要像对待合作伙伴一样对待销售部门并寻求其指导和支持，我们必须定期与销售部门沟通来解决问题和汇报成果。为了解决缺乏定期沟通的问题，应与销售领导定期开会讨论结果，获得反馈，并让销售部门积极参与到市场策略讨论中。

在过去的几年中，基于客户的营销（ABM）已成为营销界一个非常热门的焦点领域，同时也代表着与销售团队进行密切沟通和制定战略已成为重要趋势。ABM 是一种市场策略，将市场营销资源导向特定的目标客户。但谁制定这个目标客户列表呢？

这么多年，在我与市场团队的多次对话中，我们经常将 ABM 作为一种可能的策略，以确保将公司的品牌和个性化信息呈现给合适的受众，即被销售团队锁定为新客户的那些受众。但是，在大多数情况下，市场团队并未与销售团队共同确定目标客户。虽然基于客户的营销（即 ABM）被广为讨论，但市场人员并不总是与销售部门一起执行 ABM。在 Ascend2 于 2018 年基于客户的营销研究中，市场人员表示，锁定理想客户既是首要任务，也是最大挑战（见图 5-2）。

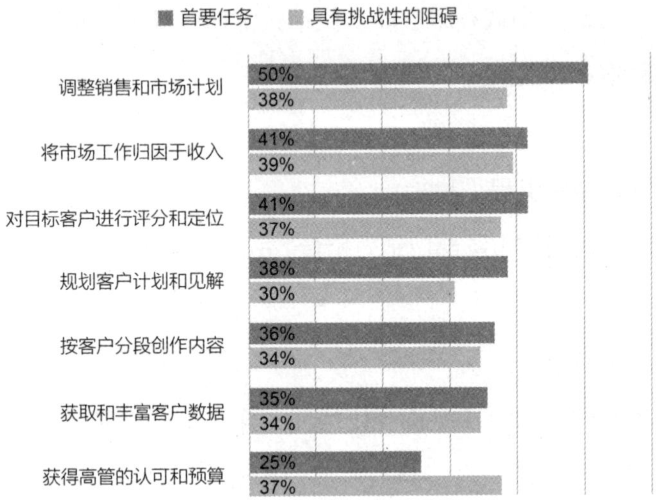

图 5-2　基于客户的营销的首要任务和最大挑战

资料来源：Ascend2 与 Research Partners 的基于客户的市场战略调查，2018 年 1 月。

虽然就选择哪些受众作为目标客户与销售团队进行对话很有收获，但它仍然是定性的，与定量数据相比，它仍然是一种“坊间”数据。ABM 只是市场部门如何使用定量客户数据与销售团队对话并创建目标客户列表的一个例子。LeadMD/Drift 的研究表明，销售部门和市场部门的定性数据可能并不总是奏效。该研究进一步发现，与独自主导规划的市场人员相比，那些取得更多成果的市场人员似乎表现为更有可能与销售人员协同合作进行客户定位（见图 5-3）。

但这种沟通必须是双向的。这里就提到一个过去的真实案例。在一份重要的需求建议书反馈截止期限的前一小时，一位销售人员请求市场部门的帮助。市场团队在截止时间前及时创建了定制化的产品表。这是一个良好的销售部门和市场部门协同的例子吗？一方

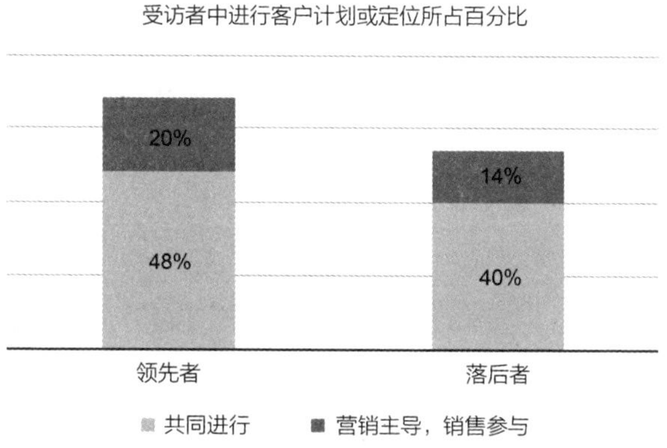

图 5-3 与销售团队共同规划和定位客户的市场人员百分比

资料来源：关于 LeadMD 的销售与市场部门一致性调查，标杆与洞察报告 © 2019 LeadMD & Drift。

面，销售需要创作出特定的内容来拿下交易，市场团队会随后立即交付出内容作品。另一方面，市场部门没有得到足够的反馈时间，也没有参与到需求建议书的准备过程中。

在与销售团队建立开放的沟通渠道时，市场部门领导者在推动销售团队和坚持参与销售的过程中都承担着责任。正如我们上述的例子，市场工作并不会因向销售部门的移交而停止。因此，市场部门和销售部门需要进行无缝沟通和协同工作，精选潜在客户并使他们成为真实客户。

2. 客户鉴别

客户鉴别要求市场与销售团队有一个共同的定义。与其单独定义漏斗阶段和其他事项，不如与销售人员一起定义 MAL（市场接受线索）、MQL（市场合格线索）、SAL（销售接受线索）和 SQL（销售合格线索）。定义与销售部门交接时涉及的内容，线索在何时会从

MQL 状态转变为 SAL 状态？销售人员应该帮助你们定义他们需要的线索类型。图 5–4 展示了你的团队可能采用的市场和销售漏斗的一个示例。

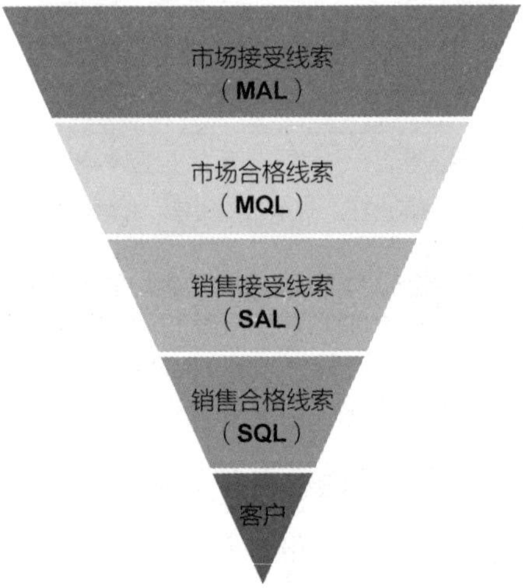

图 5–4　客户鉴别漏斗的示例

LeadMD/Drift 做过有关销售部门和市场部门一致性的研究。根据研究，他们开发了一种衡量方法，用于确定销售部门和市场部门在实现两个共同目标时的合作情况：绩效（三年中收入、盈利和线索质量的增长）和渠道（可预测收入的增长和可持续性）。结果出人意料，自主报告的市场部门和销售部门一致性（定性）没有反映绩效增长（定量）。图 5–5 显示了定性报告的销售部门和市场部门一致性与定量业务成果的关联。

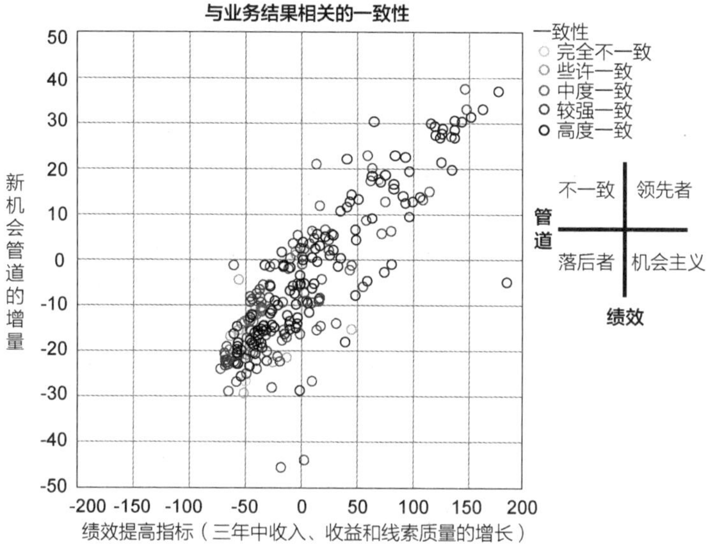

图 5-5　与业务成果相关的一致性

资料来源：LeadMD 的销售与市场部门一致性调查，标杆与洞察报告 © 2019 LeadMD & Drift。

有趣的是，虽然市场人员通常会将与销售团队共同定义的市场和销售漏斗视为组织协调一致的核心要素，但市场部门和销售部门的共同定义与协调的关键绩效指标并不总能反映绩效及渠道成效。在 LeadMD/Drift 的研究中，市场和销售主管不一定将绩效与他们对一致性的定义联系起来。在 70 个因素中，高管们将这五个因素视为对销售部门和市场部门一致性最重要的因素。图 5-6 显示了销售和市场主管认为对销售部门与市场部门一致性至关重要的前五个关键绩效指标，以及与一致性相关因素的得分。

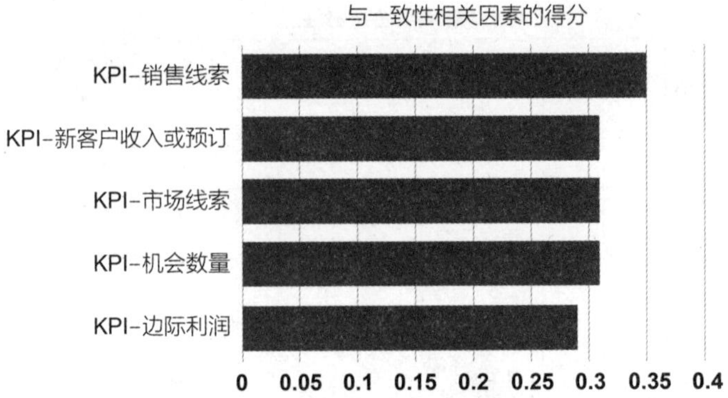

图 5-6 与一致性相关因素的得分

资料来源：关于 LeadMD 的销售与市场部门一致性调查，标杆与洞察报告 © 2019 LeadMD & Drift。

虽然高管认为这五个关键绩效指标是与一致性最相关的因素，但这些关键绩效指标缺乏成功的绩效逻辑，尽管如此这并没有对该看法产生负面影响。只要销售和市场团队共享关键绩效指标，就会被视为保持一致，即使这并不等同于成功的成果。

这项研究证明，仅仅通过漏斗阶段的通用定义和每个阶段资格条件的定义，市场部门并不能真正与销售部门保持一致，它还需要评估那些定义的阶段和关键绩效指标是否能带来成功，以及如何继续改进以共同实现业务目标。

3. 销售和市场的评估

为了使销售和市场的评估保持一致，市场团队还需要访问客户数据来考虑两个团队如何合作以实现漏斗中每个阶段的共同目标。LeadMD/Drift 的研究表明，共享技术堆栈有助于提高可见性和带来凝聚力，从而取得成功。研究中被认为落后的人在衡量线索途径时，明显与技术有更大脱节，线索进展的数据通常由销售部门完全拥有，没有市场部门的输入。这是多年来我们在营销获客中看到的一个常见问题。如果无法通过漏斗访问关键线索的进展数据以及已完成交易和收入的销售结果数据，市场营销报告可能会受到严重局限。

在评估线索进展时，也要明白市场工作可能不是线索在销售漏斗中没有进一步进展的原因。虽然销售部门可能会与市场团队合作开发出帮助发展与完成销售机会的内容，但销售团队并不总是与市场团队合作构建销售流程或脚本，以便于销售和市场团队之间传递线索信息，让市场人员能够评估销售线索的进展。

例如，我们的一个客户将 Marketo 作为其营销自动化软件，将 Salesforce 作为其 CRM。虽然 Marketo 主要被视为归市场团队所有的一种营销工具，Salesforce 主要被视为归销售团队所有的一种销售工具，但每个工具之间的信息会相互同步，这让市场团队可以清楚地了解线索移交给销售团队后是如何被处理的。正如我们想的那样，销售团队总是希望获得更高质量的线索——能更接近客户或提供潜在客户。更高质量的线索可能意味着更高效的销售机会，从而能更快地获得销售佣金。

对我们的客户而言，我们利用 LinkedIn Ads 来定位销售团队所要求的十分具体且专业的人口统计数据。从广告的转化情况来看，通过具体、专业的人口统计鉴别，可看出所开展的活动在顺利地推动线索进展。然而，销售部门持续报告着低的线索——成交率，意味着线索并没有转化为机会，由此导致销售人员质疑市场部门获取到的活动线索的真实质量。

我们深入研究了一些起初似乎正确且专业的定位人口统计数据的特定线索，如职位、经历和公司名称，这些被表明是合格的推广线索，然后这些线索被移交给销售团队。当我们开始深入挖掘线索时，我们看到了可能存在的问题。虽然线索的质量看起来很高，但销售过程可能没有按预期进行。销售流程应该包括向目标发送电子邮件，但在许多情况下，该流程未涉及联系方式。

向目标发送电子邮件的挑战在于，你不知道目标是否都收到并阅读了电子邮件，或者电子邮件是否被标记为垃圾邮件。虽然营销自动化工具（如 Marketo）为市场人员提供了测试功能，以防止电子邮件被收件人的服务器标记为垃圾邮件，但 CRM 平台（如 Salesforce）和电子邮件软件（如 Microsoft Outlook）通常没有这些测试功能。此外，虽然打开率作为衡量标准不总是那么准确，但它可以帮助市场人员确定线索是否收到了电子邮件并避开了垃圾邮件文件夹。然而存在同样的问题，销售团队通常也没有这些供他们任意使用的工具。

> 约翰，我猜测我们失去联系是因为以下三种情况之一：
>
> 1. 我做了一些冒犯你的事。
> 2. 你在和别人一起工作，只是不想告诉我而影响我的心情。
> 3. 你很想给我回电话，但被其他事情耽误了。
>
> 如果你让我知道是这三种情况中的一种，或是我没有想到的情况，我会把它当作对我的恩惠。如果是第三种情况，请回复此电子邮件，我会给予帮助！
>
> 最好的祝愿
>
> 乔

评估发送中的电子邮件揭示了另一个可能的问题：电子邮件脚本。

类似的销售电子邮件很常见，但它们真的有效果吗？这么设计的邮件是想逗笑目标并鼓励他们做出回应吗？很难明白为什么销售部门要采用这种方法。其他销售人员试图通过网络跟踪与目标建立联系，就像我们收到的这封让我们考虑更换 401（k）计划的供应商的电子邮件：

> 珍妮特，
>
> 我注意到我们没有太多联系来相互熟悉，所以我希望您不介意我直接联系您。
>
> 我注意到您在 Marketing Mojo 领导着一个不断壮大的团队，我想您可能想知道我们是如何帮助规模不断扩大的公司提供 401（k）计划，同时还管理他们的 IRS 合规性，而且成本合理。
>
> 作为受托人，我们有责任确保你的员工为他们的计划支付最低成本费用，从而：
>
> - 减少您的责任
> - 通过主动测试您的计划，防止您在非歧视测试中失败
> - 通过积极监控计划的执行来最大限度地减少员工扣除数量
>
> 如果您是可以讨论 Marketing Mojo 优势的合适人选，那什么时间可以联系您？如果没有，您建议我联系谁？
>
> 谢谢
>
> 鲍勃

做得好，鲍勃，但你没有达到目标。现在我们只是认为你在跟踪我们。

当你看到类似的情况，它表示着市场部门有一个可以更深入地与销售部门合作的机会，帮助制定和定义消息传递，更重要的是，衡量其有效性！

正如我们的例子所显示的，市场和销售人员无阻碍地访问必要的数据对于理解与衡量团队共同目标的成功是必要的。然而，如果两个组织之间的数据没有清洗或整合，将难以量化其价值。营销绩效管理软件平台 Allocadia 在 2017 年的一项研究发现，近 50% 的市场和销售数据要么是混乱的，要么是为了汇报而处于重新格式化中，如图 5–7 所示。

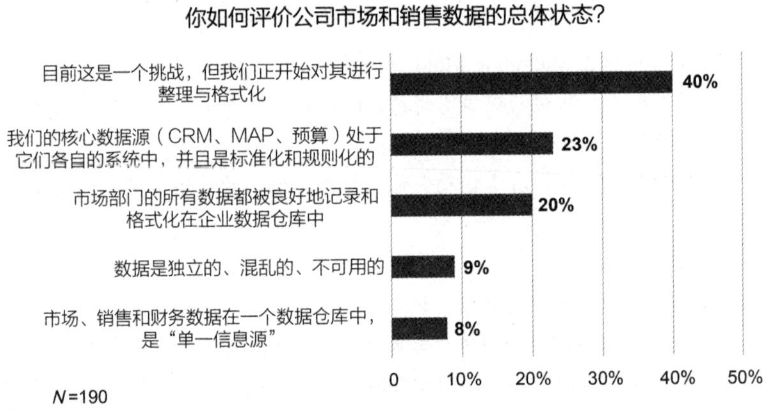

图 5–7　市场人员如何评价公司市场和销售数据的总体状态

资料来源：Allocadia 2017 年关于营销绩效管理成熟度的研究。

在与销售部门的合作中，市场部门必须帮助定义市场和销售组织之间的数据策略。如果没有关于如何输入数据的既定流程和规则，以及命名与输入数据的标准，数据很快就会变得混乱，对任何一方都毫无用处。

朱莉娅的市场团队接手了一家公司的 Salesforce 数据库，其中包含许多旧的、不相关的数据。有数以千计的线索没有列出原始线索来源，它们是从贸易展览中得到的吗？它们是由自然搜索生成的吗？如果没有原始线索来源，并且不知道这些联系人是否选择接收电子邮件，她的团队就无法将这些线索用于营销自动化平台 Marketo 的对外市场活动。市场团队花了大量时间来清理数据库，为市场和销售部门设置了新的数据制度，并对 Salesforce 和 Marketo 进行了定制化设置。通过考虑市场团队在收入和渠道报告中所需的指标，该团队定义了销售流程，以便他们在 Salesforce 中输入特定信息以更新商机。

然而，如果双方没有达成一致和接受培训，制定数据制度起不到什么好作用。朱莉娅的市场团队与销售团队进行了一场会议，培训他们如何遵守新的数据制度。市场团队领导者建立了公司的数据管理制度，并使用集成数据存储库定义了销售——市场流程。它使市场团队能够生成端到端的报告并了解市场活动对渠道和收入的影响。

但是，仅建立制度并不能确保市场人员或销售人员遵守。数据制度还需要一种既定的衡量和执行方法，以确保制度的合规性。确保销售部门遵守数据制度的最佳方法之一是将销售佣金与数据制度的执行联系起来。

在 ScienceLogic，朱莉娅遇到了一位真正以数据为先的销售主管。当这位新的销售高级副总裁（SVP）加入公司时，他带来了他扩展的销售团队的大部分成员，包括一名专门的销售运营（sales ops）成员，这名成员之前接受过 Salesforce CRM 市场部门的管理。一旦数据制度建成后，销售运营团队的成员就使用指标和报告对 Salesforce CRM 进行了定制，以可视化和管理它们所需的方式跟踪销售渠道与机会。销售主管每周还要强制召开销售会议，并且要求每位销售人员在会议之前更新他们在 Salesforce 中的数据，因为他们需要对所提供的数据负责。市场人员会参与每周的销售会议，由此加强市场部门对线索状态的认知并巩固销售部门和市场部门的一致性。

为进一步加强销售和市场部门的关系，销售高级副总裁大力支持市场团队及其工作。当市场部门需要与该销售机会相关的所有联系人时，他会支持这项工作并要求销售团队更新这些内容，甚至将佣金与其挂钩，帮助市场部门跟踪推动销售的多个销售接触点。

这位销售主管明白数据对销售和对整个组织及其成功的重要性。他在整个销售组织中提倡透明并强制要求数据完整性，将数据与薪酬挂钩有助于确保数据准确且完整。他建立的流程打破了销售人员的数据孤岛状态，并确保重要的客户数据是属于公司并可以共享，以实现公司目标而不是个别部门的目标。

可以通过与销售领导合作来了解销售团队并更新数据的流程。优秀的销售领导通常会高度重视并保持线索、机会和渠道数据的最新状态，确保销售团队使用通用的定义进行实际操作，以便市场人员能够理解数据和挑战。

5.3.3 财务部门领导者

根据 Bizible 2018 年的渠道状况报告，ROI 为 1.5 倍或更高的市场部门在其组织中被视为收入中心的可能性比其他市场部门要高

111%。市场费用往往被视为管理费用，这便使市场预算容易遭到削减。之前提到的麦肯锡公司 2019 年的研究报告中提到，45% 的受访财务总监表示，过去营销提案被拒绝或未获得充足资金的原因是它们没有展示明确的价值。市场部门需要向财务总监证明其价值，以确保获得适当的资金，并作为战略合作伙伴受到尊重。

从成本中心到收入中心的认知转变也为市场部门提供了动力。根据 Intacct 2016 年的一项调查，财务总监在组织中扮演了更具战略意义的角色。通过将市场部门从成本中心转变为战略合作伙伴和收入中心，市场团队将对公司整体战略方向产生更大的影响力和带来更大的创收。

然而，除非市场部门与财务部门建立更好的关系并为组织提供可衡量的财务影响，否则原来的观念不会发生改变。许多市场团队与财务团队的关系仍然不密切，更多的市场人员表示“我们只在被迫时才进行沟通”，而不认为财务部门是战略合作伙伴（见图 5–8）。

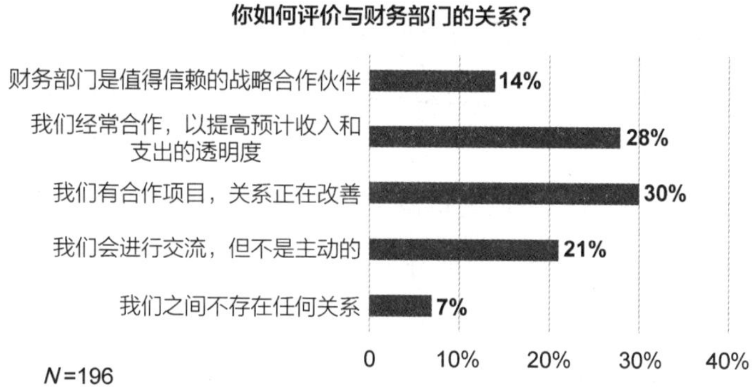

图 5–8　市场人员如何评价他们与财务部门的关系

资料来源：Allocadia 2017 年关于营销绩效管理成熟度的研究。

首先，市场部门必须会使用财务语言。正如 Pedowitz Group 的首席战略官黛比·卡奇什（Debbie Qaqish）推测的那样，“如果市场部门不是收入组织，那么财务总监和市场总监会说两种不同的语言。财务总监使用的业务语言：成本、收入、预订和预测。传统的市场人员使用着创造印象和流量的语言。没有人，尤其是高管，会关心网站的颜色。当市场部门专注于可获得收入的市场推广时，你就会发现市场总监和财务总监说着同一种语言。”

让财务总监和其他财务领导成为制定预算与营销目标的战略合作伙伴，准备好与财务人员会面，并提供定量收入绩效数据以及基于历史绩效的收入预测。

5.3.4 IT 部门领导者

首席信息官和市场总监之间的关系变得越来越重要。鉴于如今营销技术堆栈的复杂性，市场部门必须与 IT 部门建立共生关系。市场人员不一定是系统集成方面的专家，但有时市场人员需要更多的技术协助来整合不同平台的数据。首席信息官和 IT 人员将利用他们的专业知识帮助市场人员完成这项工作。事实上，根据美国国际数据集团（IDG）2020 年首席信息官现状的调查，首席信息官们表示，他们越来越多地协助市场人员确定和定义业务需求、研究产品和供应商，以及帮助他们开展数据分析。

就像市场总监一样，首席信息官承担着越来越多工作与业务成果联系的责任。在美国国际数据集团 2019 年的报告中，81% 的首席信息官回应道，他们面临着确保投资有效和证明投资回报率合理的巨大压力。

我们发现市场人员与IT人员合作中最常见的问题之一是与项目队列有关的。IT部门面临来自各个部门的持续需求，导致项目积压。很多时候，我们会看到市场团队有一个用于改善网站页面加载时间的技术编程请求，这其实就是用来优化搜索引擎排名的，但因为IT部门项目队列中存在优先考虑的其他项目，该请求只能徒然在那里等待数月。

在知道首席信息官可能会根据收入来确定项目的优先级，并且他们也可能会分享营销技术堆栈数据的管理和分析后，请根据你们的共同利益与首席信息官取得联系。如果IT部门可以协助集成系统访问数据的营销需求，以定量衡量收入和ROI，那么首席信息官会优先考虑市场部的IT请求。

5.4 从现在开始行动

市场部门必须在预算、业务和创收方面重新发挥驱动作用。这首先需要转变组织对营销部门的看法。市场人员有机会领导组织变革并实现创收，它从三个主要步骤开始。

1. 理解并接受企业目标

在提供市场营销对收入的贡献指标之前，你必须了解组织的收入目标和其他主要目标。在理想状况下，市场团队可以在这些目标的设定过程中发挥作用，但在大多数实际情况下，他们并没有做到。无论目标是什么，了解它并确定为了实现该目标所需的实际市场营销工作有哪些。

2. 重新修复市场和销售部门的关系

如果市场和销售部门之间没有共生关系，市场团队可能无法访问收入中心报告所需的关键销售和收入归因信息。改变你与销售团队的关系，并确定如何获取最接近收入的信息，无论该数据信息是仅限于机会、销售合格线索还是渠道。

3. 制定关键指标的报告计划并领导营销团队

一旦与销售部门保持一致，就可以制定包含销售和市场关键指标的报告计划，来证明市场对收入所做的贡献。让销售团队参与这份报告的制定过程，在你们朝着共同的收入目标协作时，实现理解、透明和支持。与销售人员合作制定数据制度和指标，并制定确保数据政策合规的方法。

第6章

第2步：数据集成、体系结构和技术资源

企业目标与市场策略、市场目标的顺利关联，需要通过数据来衡量成功与否。但从哪里开始呢？你如何关联所有不同的系统和数据，以确保从正确的来源提取正确的数据以获得所需的答案？

本章我们将开始讨论如何评估你需要的数据，它可能保存在何处以及为谁所拥有。并非所有数据一开始都会被集成，因此我们将介绍集成数据的方法，以更清晰地了解数据传达的内容。我们将讨论数据管理和数据策略的重要性，以确保形成一个整洁的数据集。最后，我们将介绍如何开展数据可视化以更有效地传达信息。

6.1 为你的营销技术堆栈制定策略

为了从正确的来源收集你需要的数据用于量化营销，你需要有一个准备就绪的营销技术（Martech）堆栈。营销技术堆栈是一组

技术，是平台、软件和工具的集合体，让你可以执行、管理和衡量营销工作。它很可能结合了营销技术领域生态图中的多个项目（见图 6–1），而且看起来似乎非常多。

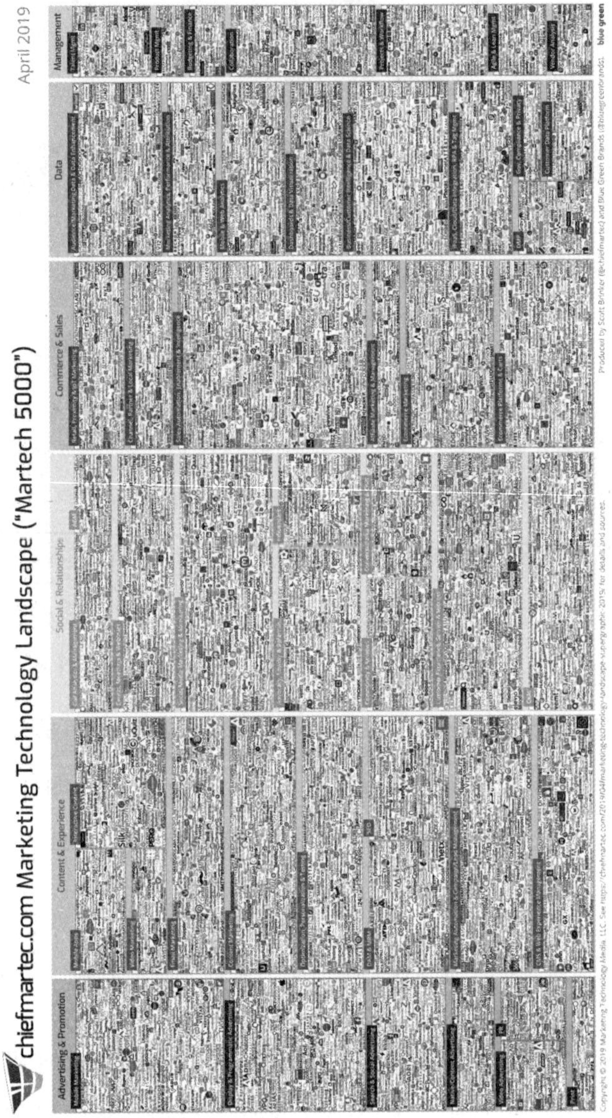

图 6–1　2019 年营销技术生态图

资料来源：Courtesy of Scott Brinker，chiefmartec.com.

多数情况下，市场人员只是从先前市场团队那里继承了营销技术堆栈的各个部分。营销技术更换起来很困难且耗时，这也就导致许多市场部门还没有制定明确的计划来说明如何更新或发展 martech 堆栈。Ascend2 于 2020 年 2 月开展的营销技术堆栈优化研究表明，仅 19% 的市场人员已实施营销技术策略，而有 23% 的市场人员指出他们没有一个有凝聚力的通用营销技术策略（见图 6–2）。

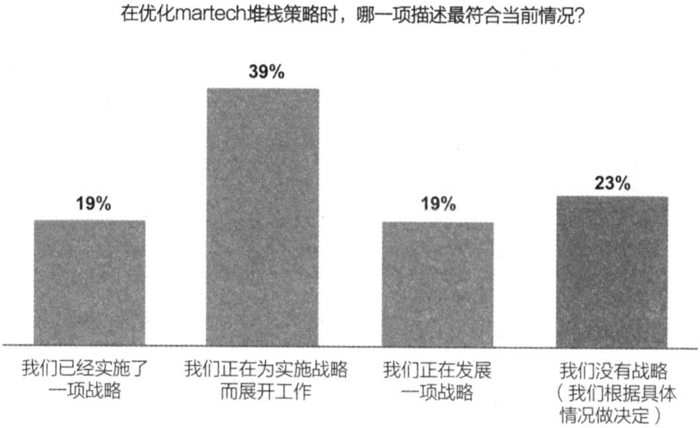

图 6–2　仅 19% 的市场人员表示实施了营销技术堆栈策略

资料来源：营销技术堆栈优化，Ascends。

但是，你要明白营销技术堆栈掌握着实现量化营销转型所需的关键可操作信息。如果你的市场部门还没有营销技术堆栈策略，那么需要考虑开发一个了。首先，清点当前的堆栈，弄明白组织当前有什么系统，每个系统中都有哪些数据。比如，在我们的组织中，我们的营销技术堆栈包括以下内容。

数据来源	所持有的数据
会计软件	• 实际市场支出 • 客户 / 项目的实际收入
薪资软件	市场部门的人员投入
分析软件	• 网站流量 • 该流量的来源 • 该流量达到的线索目标
Google Ads	• 付费搜索广告的点击量 • 来自付费搜索广告的转化
LinkedIn Ads	• LinkedIn Ads 的点击量 • LinkedIn Ads 带来的转化
营销自动化软件	• 市场合格线索 • 潜在客户的活动历史记录 • Google Ads、LinkedIn Ads 带来的转化
CRM 软件	• 活动 • 销售合格线索 • 具有阶段性和价值性的机会 • 已完成合同的价值和日期 • 与已完成合同相关的公司和联系人

6.2 评估营销技术堆栈时要提出的六个问题

一旦确定了当前的营销技术堆栈以及所需数据所在的位置，你可能会发现缺少了某些部分。在评估需要添加哪些部分或应替换堆栈中的哪些项目时，你需要提出以下六个主要问题。

1. 你是否拥有展现营销业务价值所需的数据

映射当前的营销技术堆栈和测量所需的内容可以帮助识别堆栈

中可能存在的漏洞。将另一列添加到之前的映射框架中，我们列出了沿着测量 ROI 路径想要测量的项目。

这是我们营销技术堆栈映射的示例，展现了我们如何保存度量每个业务所需的信息以及哪些数据源需要保存。

所需数据	数据来源	所持有的数据
由渠道和（或）市场活动获取的网站流量	分析软件	由渠道和（或）市场活动获取的网站流量
渠道和（或）市场活动产生的线索	分析软件 Google Ads LinkedIn Ads 营销自动化软件	● 在分析和渠道 / 活动中设定的目标 ● 在广告平台及其活动中设置的转化 ● 线索数据 / 报告（按创建线索及其渠道 / 营销活动的日期）
渠道和（或）市场活动的线索转化率	分析软件 Google Ads LinkedIn Ads 营销自动化软件	● 在分析和渠道 / 活动中设定的目标以及由这些渠道 / 活动获取的流量 ● 广告平台及其广告系列中设置的转化次数，以及该广告系列的点击次数 ● 在创建线索及其渠道 / 活动日期时的线索数据 / 报告，但可能没有由该渠道 / 活动获取的流量
渠道和（或）市场活动的市场合格线索	营销自动化软件	渠道 / 活动中符合 MQL 规则阈值的线索
渠道和（或）市场活动的 MQL 转化率	营销自动化软件	符合 MQL 规则阈值的线索以及渠道 / 活动生成的线索总数
渠道和（或）市场活动的销售合格线索	营销自动化软件	渠道 / 活动中符合 SQL 规则阈值并分配给销售的线索
渠道和（或）市场活动的 SQL 转化费率	营销自动化软件	符合 SQL 规则阈值的线索以及由渠道 / 活动生成并分配给销售的线索总数

续表

所需数据	数据来源	所持有的数据
渠道和（或）市场活动的线索—机会转化率	营销自动化软件 CRM 软件	● 渠道 / 市场活动移交给销售的线索总数 ● 通过渠道 / 活动转化为机会的线索
渠道和（或）市场活动的机会—成交完成比率	CRM 软件	● 渠道 / 市场活动中由市场线索转化的机会总数 ● 渠道 / 活动中完成成交的机会总数
渠道和（或）市场活动的平均机会价值	CRM 软件	渠道 / 市场活动中市场产生的每个机会价值（取平均值）
渠道和（或）市场活动产生的总收入	CRM 软件 会计软件	渠道 / 市场活动中完成成交的机会总价值
渠道和（或）市场活动的客户终生价值	CRM 软件 会计软件	● 渠道 / 市场活动中成交完成的机会 ● 到目前为止该合同的终生价值
渠道和（或）市场活动的 ROI	Google Ads LinkedIn Ads CRM 软件 会计软件	● 渠道 / 市场活动中完成成交的机会总价值 ● 渠道 / 市场活动花费的市场预算总额 ● 可能还包括终生价值 ROI 和合同到目前为止的终生价值

显然测量是十分重要的，但从不同来源获取这些数据，再将其整合以提取信息是非常耗时的。

2. 谁拥有数据源和其中的数据

随着映射的展开，我们可以清楚地确定我们所需数据所在的位置。我们的映射显示出可能不归营销部门所有的数据源，如会计软件。我们必须知道谁拥有这些数据，以便我们可以向持有该数据的组织请求数据访问权限。为了清晰阐明这一点，我在表中添加了另一列以标识哪个部门拥有该数据源。

所需数据	数据来源	哪个部门拥有数据	所持有的数据
由渠道和（或）活动获取的网站流量	分析软件	市场部	由渠道 / 市场活动获取的网站流量
渠道和（或）活动产生的线索	分析软件 Google Ads LinkedIn Ads 营销自动化软件	市场部 市场部 市场部 市场部	● 在分析和渠道 / 市场活动中设定的目标 ● 在广告平台及其活动中设置的转化 ● 线索数据 / 报告（按创建线索及其渠道 / 营销活动的日期）
渠道和（或）活动的线索转化率	分析软件 Google Ads LinkedIn Ads 营销自动化软件	市场部 市场部 市场部 市场部	● 在分析和渠道 / 市场活动中设定的目标以及由这些渠道 / 活动获取的流量 ● 广告平台及其广告系列中设置的转化次数，以及该广告系列的点击次数 ● 在创建线索及其渠道 / 市场活动时的线索数据 / 报告，但可能没有由该渠道 / 市场活动获取的流量
渠道和（或）活动的营销合格线索	营销自动化软件	市场部	渠道 / 活动中符合 MQL 规则阈值的线索
渠道和（或）活动的 MQL 转化率	营销自动化软件	市场部	符合 MQL 规则阈值的线索以及渠道 / 市场活动生成的线索总数
渠道和（或）活动的销售合格线索	营销自动化软件	市场部	渠道 / 市场活动中符合 SQL 规则阈值并分配给销售的线索
渠道和（或）活动的 SQL 转化费率	营销自动化软件	市场部	符合 SQL 规则阈值的线索以及由渠道 / 市场活动生成并分配给销售的线索总数

续表

所需数据	数据来源	哪个部门拥有数据	所持有的数据
渠道和（或）活动的线索—机会转化率	营销自动化软件 CRM 软件	市场部 销售部	● 渠道 / 市场活动移交给销售的线索总数 ● 通过渠道 / 市场活动转化为机会的线索
渠道和（或）活动的机会—成交完成比率	CRM 软件	销售部	● 渠道 / 市场活动中由营销线索转化的机会总数 ● 渠道 / 活动中完成成交的机会总数
渠道和（或）活动的平均机会价值	CRM 软件	销售部	渠道 / 市场活动中由市场产生的每个机会的价值（取平均值）
渠道和（或）活动产生的总收入	CRM 软件 会计软件	销售部 财务部	渠道 / 市场活动中完成成交的机会总价值
渠道和（或）活动的客户终生价值	CRM 软件 会计软件	销售部 财务部	● 渠道 / 市场活动中完成成交的机会 ● 到目前为止该合同的终生价值
渠道和（或）活动的 ROI	Google Ads LinkedIn Ads CRM 软件 会计软件	市场部 市场部 销售部 财务部	● 渠道 / 市场活动中完成成交的机会总价值 ● 渠道 / 市场活动花费的营销预算总额 ● 可能还包括终生价值 ROI 和到合同目前为止的终生价值

数据治理，是关于如何在组织内收集、存储和共享数据的制度，规定了授予谁对数据拥有营销访问权限。高德纳将数据治理定义为

“决策权的规范和问责框架，以确保数据和分析在估值、创建、消费和控制方面的合理行为”。数据的所有者可能无法控制数据策略，这便意味着市场部门必须与数据策略的控制者合作，以确保数据治理合规以及根据需要创建新策略来访问数据。

3. 运行这些报告需要什么级别的集成

访问数据只是问题的一部分，我们还需要知道自己能否整合数据来查看趋势并从数据中得到洞见。

如在上面的映射中，假设我们想知道自动搜索的转化率。要计算渠道的转化率，我们需要使用下式：

$$\frac{\text{该渠道的转化次数}}{\text{该渠道的流量}}$$

如前表所示，我们可以从一个来源即分析软件中提取数据，因为分析软件为我们提供了渠道产生的流量和转化情况。此外，在Google Analytics 等分析软件中，平台可以直接完成转化率的计算。

但对于其他的衡量，你可能需要整合多个来源的数据，这也是市场人员在解决营销技术堆栈组件的功能时面临的挑战之一。如图 6–3 所示，根据前面提到的 Ascend2 研究，集成堆栈中的其他技术仍然是许多市场人员面临的挑战。

例如，我想测量某一个特定活动的线索—机会的转化率，以了解该活动是否产生了发展为机会的合格线索。式中需要的两个数据是：

$$\frac{\text{该活动产生的线索转化}}{\text{该活动产生的机会}}$$

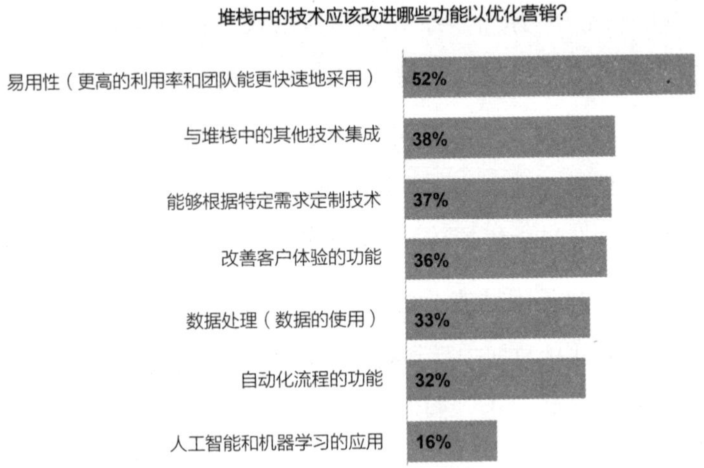

图 6-3 集成其他堆栈技术

资料来源：营销技术堆栈优化，Ascends。

虽然市场人员也许在营销自动化工具中拥有初始线索或转化数据，但他们有可能无法访问由线索或联系人生成销售机会的同一个工具。销售机会数据保存在 CRM 工具中，如果这两个平台不相互传递数据，市场人员就只能单独访问这些数据，在平台外重新整合数据以判断趋势，这是非常耗时的。

理想情况下，市场人员需要快速、轻松地评估渠道和活动的成功与否。想要更快地做出决策则需要一种“单一管理平台”的方法，让市场人员能够快速访问他们需要的数据。Webopedia 的万吉 • 比尔（Vangie Beal）将“单一管理平台”描述为“一种管理工具，如统一的控制台或仪表盘，能够将来自多个应用程序或环境的不同来源信息集成到单个显示器中”。如今，这些数据洞察正是市场人员希望从他们的营销技术堆栈中得到的（见图 6-4）。

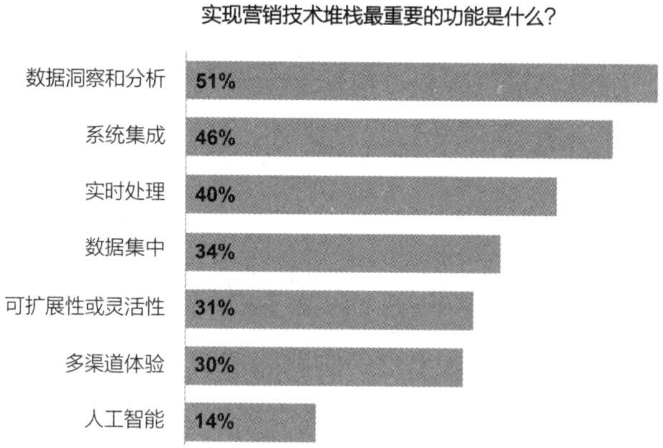

图 6-4　市场人员将数据洞察和分析视为实施 Martech 堆栈最重要的功能

资料来源：营销技术堆栈优化，Ascends。

4. 你需要对数据执行哪些额外的转换（如果有的话）

首先考虑你需要的智能类型，然后找出可以从何处获取该数据以及弄明白需要对其进行何种类型的转换，这些是非常重要的。作为市场人员，你不应受到特定营销技术平台的限制，现成的报告只是一个开始，当业务独一无二时，有很多人依靠通用的报告以适应广泛的业务。现在有更多可视化的选项，如可以购买附加模块和第三方工具，而且对大部分企业来说是负担得起的。这能够让你提取数据，进行某种转换，然后存储该数据或者进行即时计算，以便在市场和销售管理、CEO、财务总监等的报告和仪表盘中展现你需要的内容。

我们需要数据转换的一个示例指标来展示自销售和市场转化漏斗。运用按阶段保存线索信息的平台，如营销自动化工具或 CRM，你可能需要购买额外的模块功能或创建自定义内容，以便为每个阶段保存每月的线索数量。这是展现随时间变化的漏斗指标的第一步。各阶段线索的静态数量可以绘制出每月每个阶段的静态线索数，从而描绘出其随时间变化的趋势。另一个步骤是通过执行如下计算来展现百分比随时间的变化：

$$\frac{\text{每个月各阶段的线索}-\text{其上月各阶段的线索}}{\text{其上月各阶段的线索}}$$

将上式的值乘以 100，你将获得每月每个阶段的变化百分比。这是显示市场和销售情况的一个关键指标，但令人惊讶的是，如果不进行一些定制，则无法轻易获得该指标。将这些绘制在折线图中，用以展现随着时间的推移市场或销售表现得更好或更差的速度趋势，而不是通过静态的数据点来显示。再多做一步——将这个百分比变化 / 月趋势线与每个阶段的转化率结合起来，你就会得到一个非常有趣的图表，它一目了然地显示出每个阶段添加更多的线索会或不会影响转化率，这始终是市场人员和销售人员通过提高效率、创建新内容、花费更多资源和时间等来寻求并进行优化的内容。

5. 你将如何为利益相关者对这些信息进行可视化

你如何呈现数据以传达洞见与共享实际数据同样重要。我们需要共享从中获得洞见的数据集规模通常是非常庞大和复杂的，而数据可视化能帮助市场团队快速获得洞见并交流发现的结果。

在市场团队内部，可视化帮助我们快速识别趋势和亮点。例如，在自动搜索中，我们每个月可能会跟踪数百个关键字以进行排名。Excel 中的条件格式化热力图等数据可视化方法可以快速突出地显示改进最大或下降最大的关键字（见图 6–5）。

B	C	D	E	F	G	H
关键词	2月20日	1月20日	12月19日	11月19日	10月19日	9月19日
关键词1	25	27	27	1	3	3
关键词2	20	32	32	79	87	87
关键词3	30	26	26	52	91	91
关键词4	3	5	5	29	44	44
关键词5	12	14	14	28	50	50
关键词6	91	79	79	11	8	8
关键词7	1	6	6	6	18	18
关键词8	19	23	23	31	47	47
关键词9	21	13	13	16	24	24
关键词10	40	35	35	1	1	1
关键词11	80	86	86	1	1	1
关键词12	78	95	95	31	33	33
关键词13	12	46	46	48	51	51
关键词14	45	49	49	15	18	18
关键词15	19	31	31	30	39	39
关键词16	50	64	64	14	35	35

图 6–5　Microsoft Excel 中条件格式化的热力图示例

然而，对利益相关者来说，我们数据可视化的表达方式可能更为关键。在纽约大学 2014 年的一项研究中，研究人员调查了通过图表与文本数据表示的视觉数据如何影响参与者的意见。他们要求参与者对有关电子游戏的某些陈述进行评分，如“暴力电子游戏不会导致青少年暴力”。然后向参与者展示了调查结果，这些结果表明了孩子们喜欢玩电子游戏的原因。研究人员向一部分参与者展现的是一个数据表，而向另一部分参与者以图形形式展示数据结果。

在收到新数据后，参与者被要求对以前相同的陈述作同意程度的评价。有趣的是，即使给两组呈现的是相同的真实数据，但那些通过图表看到可视化数据的人所给答案的变化明显更大。

纽约大学的研究证明了数据可视化能很大程度上影响人们相信某个特定观点。作为市场人员，我们必须批判性地思考给利益相关者呈现数据的最佳方式，以确保得到利益相关者的同意和投资。

如今，有许多工具可以将不同的系统组合在一起，以一种有意义的方式整合和可视化数据。Google Data Studio、Microsoft Power BI 和 Tableau 是几个可用的数据可视化平台。然而，即使你从原始平台提取数据后，数据仍可能需要调整才能以一种有意义的方式整合和可视化。例如，Google Analytics 提供了维度（数据属性）和指标（定量测量）。有时你可能想要翻转维度和指标或以不同的方式展示它们。

例如，我想创建一个简单的饼图，显示过去一个月网站上的自动搜索流量实现了多少目标以目标为图例。由于来源 / 媒介和每个目标都是 Google Analytics 中的维度，因此目前无法简单地将这些数据导入 Google Data Studio，将一个设为维度，一个设为指标。

但是，与所有数据一样，我们可以操作、整合和过滤数据，然后将信息上传到我们的可视化工具中，来翻转维度和指标以生成所需的结果。图 6-6 展示了一个饼图，假设数据无法像这样直接从 Google Analytics 中生成，该图可以通过将关键绩效指标数据从 Google Analytics 提取到 Google Sheets 来变换维度和指标，然后导入 Google Data Studio 以我们想要的格式呈现可视化数据。

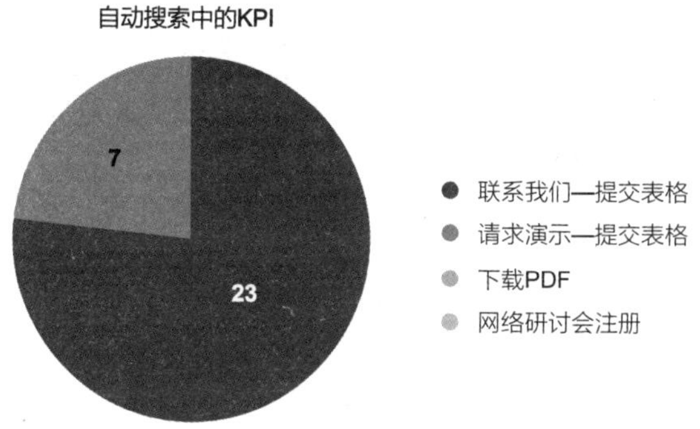

图 6-6　饼图的示例

利用一段时间进行可视化，并选择可以有效传达信息的图表类型。从你要传达的内容开始，然后依据内容确定合适的图表。

共享的数据	可运用的图表类型
对比简单的值	条形图 柱状图 饼图 折线图 散点图 子弹图
成分数据	饼图 堆积柱状图 堆积条形图 面积图 瀑布图
分布式数据	散点图 市场矩阵细分图 折线图 条形图 柱状图

续表

共享的数据	可运用的图表类型
分析趋势	折线图 双轴线图 条形图
值集之间的关系	散点图 气泡图 折线图
销售漏斗的进展	漏斗图
实现目标的进展，如收入	子弹图
地理区域间的比较	地图
快速比较表中的数据	热力图

6. 实现此目标你还需要哪些工具、技术或开发人员资源

当今许多工具都具有内置集成功能，可帮助市场人员跨平台连接数据，如营销自动化工具 Marketo 可与 Salesforce CRM 集成。但在其他情况下，数据仓库之间不存在集成，你可能需要额外的工具或技术资源来访问所需要的数据。

我们选择的营销自动化工具是包含了 CRM 功能的，然而在使用该工具大约一年后，我们意识到营销自动化工具组织和存储的数据几乎不可能覆盖我们想提取数据的所有范围。不过，我们之前的 CRM 工具 Salesforce 确实具备我们可以调整和修改以满足我们需求结构的优势。尽管 Salesforce 拥有数千个集成选项，但我们的营销自动化工具和 Salesforce 之间没有做到集成。

于是我们转向了另一个工具——Zapier 来解决集成问题。Zapier 是一个 API（应用程序接口）集成工具，即使那些技术水平不高或不了解复杂 API 编程的人员也能很容易使用 Zapier。它使我们能够简单地在营销自动化工具和 Salesforce CRM 之间创建集成，从而做到在 Salesforce 内整合营销和销售数据，并帮助我们以可延展的格式获得所需的报告。

如果找不到实现集成的工具，可能你还需要额外的开发人员。通常，大多数组织的 Web 开发人员属于 IT 部门，而不是市场团队。这会使市场部门难以获得开发人员支持，因为市场团队是在和其他部门争夺 Web 开发人员的时间。

当我们选择营销技术平台时，API 也许是一个关键项。因为即使平台本身没有提供所有数据，并且可能没有与你现有的营销技术堆栈组件达到集成，但如果平台中有 API，你就可以将数据拉入另一个平台进行分析和数据共享。也许你有一个销售团队正使用定制 CRM，如果营销自动化平台有 API，你可以聘请 Web 开发人员将营销自动化 API 连接到这个 CRM，从而将线索信息和相关数据从营销自动化工具导入 CRM。

正如市场总监需要与业务目标保持一致并跟踪工作来实现收入一样，首席信息官也面临着类似的压力。IDG 2020 年首席信息官报告指出，67% 的首席信息官表示，构建新的创收计划是他们的工作职责之一。此外，46% 的人表示他们正在创建具有明确成本和收益的业务场景。了解首席信息官和 IT 部门的优先事项可以帮助营销人员接触 IT 以开展营销项目。

如果你因IT积压项目而面临推迟或延迟问题，请确保你已经有一个吸引眼球的Web开发资源需求业务的案例，并与首席信息官的需求相匹配。

6.3 从现在开始行动

跨营销技术堆栈和其他业务数据存储库来访问、集成数据并非易事。然而，了解拥有的数据以及从何处访问这些数据对营销的成功至关重要。

1. 知道你需要什么数据

首先列出你需要的数据。你要回答什么问题？你需要哪些衡量标准来确定营销成功与否？你需要什么数据来回答这些问题？

2. 整理和评估你当前的数据源

了解所需数据后，就需要确定该数据所在的位置。整理你的数据源和它们所包含的数据。你可能会发现数据位于多个位置，使得收集和整合变得很麻烦。

3. 确定你的营销数据访问和网址中存在的漏洞

在你的营销技术工具中还存在哪些漏洞？是否有解决这些数据鸿沟的简单解决方案？也许补充一个额外的工具就是答案。评估你当前的差距并确定哪些解决方案可能适合现有的营销技术。在评估营销技术堆栈的新增功能时，要考虑如何访问数据，可以收集哪些类型的数据，如何将来自新工具的数据集成到现有工具中，以及该工具可以提供哪些报告功能。

第
7
章

第 3 步：数据分析

水无处不在，但任何一滴都不能喝。

——塞缪尔·泰勒·柯勒律治（Samuel Taylor Coleridge）

《古舟子咏》（*The Rime of the Ancient Mariner*）

数字经济使我们被数据包围。我们使用的每个营销技术平台都会生成大量信息，但对大多数人来说，我们只会将其中的一小部分数据用于报告或可视化。如果你不相信，请查看你的营销自动化数据库。运行一份报告，提取所有线索的所有字段，并诚实地问自己，除了设置下一个电子邮件活动或程序之外，你最后一次使用这些数据中的小部分数据是什么时候。

当我们使用营销自动化之类的工具时，我们看到的界面很重要，它帮助我们与工具背后大量的数据进行交互。毕竟，这就是自动化的目的——实现数字化营销的承诺，即能够接触、培育和过滤比我们以前手动完成的多很多倍（100 倍、1 000 倍、10 000 倍）的线索。但这种界面也让我们脱离了数据，许多市场人员只能依赖现成的报告，无法深入挖掘其业务独特的见解，那是公司使用其他任何相同的工具和报告都不能得到的东西。

本章的引语是指一个水手被海水包围，却无法喝水。如果可以将数据想象成水，那么本书将带你踏上一段旅程，帮助你将数据从盐水转变为可以饮用的水。

1000 强企业可以聘请数据科学家做营销数据分析，尤其是 B2C 企业，它们的数据量接近甚至达到了大数据水平。数据科学家拥有专门的工具并利用编程处理这个级别的数据。对我们其他人来说，熟悉 Excel 和营销技术平台，尤其是营销自动化和 CRM，通常就足够了。此外，还有 Looker 和 Google Data Studio 等数据可视化工具，它们不需要数据科学家的协助。根据你使用的工具和可视化需求，你可能希望获得一些设置方面的咨询帮助，但是一旦定义了关键指标并将其拉入自定义报告和仪表盘中，当有任何额外的需求时，你会偶尔需要帮助来实现自己无法满足的要求。

本章重点介绍市场人员能够自己进行量化的那种分析。我们所有人（包括数据科学家）在进行数据分析时都必须从克服偏见开始，尤其是市场人员易犯的数据谬误。最后，我们提供了一些营销数据分析的实际示例，使用熟悉的销售和市场转化漏斗进行线索培育（如 MAL、MQL、SAL 和 SQL），以及如何收集见解以提高营销绩效和效率。

7.1 认知偏差：点球成金的又一教训

1999年，约翰·亨利买下了佛罗里达马林鱼队。亨利是比尔·詹姆斯和赛博计量学的粉丝，他利用统计分析揭示了市场低效率使其在华尔街致富。他给娱乐与体育电视网ESPN的罗布·内尔（Rob Neyer）写了一封信，在信中他将华尔街的机会与棒球运动员的市场相提并论：

> 这两个领域的人们都带着信念和偏见行事。如果可以消除两者并用数据替换它们，你就会获得明显的优势……来自市场的实际数据比个人的看法或信念要更有内涵，棒球也是如此。

亨利运用他的统计学技能，每年都能赢得梦幻棒球联赛，但是当他在现实中的棒球队这么做时，他失败了，马林鱼队也输了。尽管他本人相信赛博计量学，但他无法摆脱周围人的看法或观念——他们使用经过验证的、一直以来都在使用的、正确的方式来挑选棒球运动员。

认知偏差是人类随着时间推移而进化产生的一类偏见。实际上，它们旨在提供帮助，但在数据分析方面通常成了我们需要克服的障碍：

认知偏差是我们进化过程的结果。它们旨在关键的时间和敏感情况下通过快速做出决策并处理人脑有限的信息来帮助我们生存。简而言之，它们是我们产生直觉的原因。这些偏见往往会导致与事实背道而驰的非理性行为，并导致系统性判断错误的出现。

在前文《点球成金》示例中，亨利正好遇到了确认偏差，这是一种被定义为“人类倾向于搜索、偏爱和使用能够证实自己对某个主题先前观点的信息”的偏差。使问题更加复杂的是羊群效应，或“人们不得不采取某种行为、风格或态度的倾向，仅仅是因为其他人都在这样做”。

球探们已经知道新人才需要拥有哪些属性，这些也是他们一直在寻找的，这就是每个人的做法。即使面对那些能够证明构成老球探基础的因素与实际获胜之间的相关性数据，棒球管理层也不会相信。撰写了多年《棒球摘要》之后，比尔·詹姆斯放弃说服不会接受他建议的棒球内部人士。《棒球摘要》的最后一本在 1988 年出版，直到十几年时间后，才有一支 MLB 球队将他所写的内容付诸实践，如《点球成金》中表现的那样。

7.2 战胜认知偏见的例子：依靠数据

联邦办公系统博览会（FOSE）是联邦政府历史最悠久、规模最大的 IT 会议之一，于 2014 年迎来了辉煌的一年：注册人数增长了

40%，更重要的是，高管注册人数增长了 25%。然而一年后，也是运行 37 年后，该节目的母公司 1105 Media 宣布联邦办公系统博览会关闭。

我们可能不知道母公司扼杀这个博览会的所有原因，也许是管理层变动、新的优先事项、新的事件，但很多人都会说的一件事是："这是一个漫长的过程。"

多年来，联邦办公系统博览会名声不佳。人们说，真正的政府 IT 决策者没有来参加展会，而只是派了他们的助手，他们利用离开办公室的时间去购买供应商分发的免费"小玩意儿"。实际上，一些参展商分发了品牌塑料购物袋，这也更支持了这一想法。

联邦办公系统博览会是 ScienceLogic 参展的第一个贸易展。这是当地相对便宜的、联邦政府最大的 IT 展会，是我们年轻公司的一个重要市场。因为一些传闻，我们进行了工作预演，有针对性地邀请决策者参观我们的展位并拿了最新的《超级无敌掌门狗》视频。我们没有忽视传闻，而是决定利用它们。人们去参加会议并想为他们的孩子带回东西，我们想增加实际买家的购买动机。我们还将其他人或"购物者"视为未来销售的潜在影响者，因此我们投资了我们非常乐意分发的价格低的小玩意儿。"仅限邀请"这一模式给我们的展位带来了一些意想不到的人，包括财政部的首席信息官。在联邦办公系统博览会参展仅几年之后，我们就表现出了 40 000% 的投资回报率（ROI）。在这种情况下，我们让确认偏差和羊群效应为我们工作。如果我们选择只相信其他人，我们永远不会做这个展会。当我们退后一步，真正考虑在一个众所周知的艰难市场中接触有影响力的人和买家的机会时，我们认为参加联邦办公系统博览会是值得的，而且所表现出的数字证明我们是对的。

7.3 克服偏见和信念

源自数据的营销情报并非凭空产生。没有神奇的黑匣子可以让你将所有数据都倒进去，接着立即得出有关新产品、更好活动和更多目标的见解。这或许是一个好消息。即使你有聘请数据科学家的预算，我们作为市场人员的经验对以下方面也至关重要：

（1）提出正确的问题。

（2）定义有助于回答这些问题的因素（和数据）。

（3）以有意义和可操作的方式解释结果。

不太好的消息是，每次你投身于分析时，你都必须处理亨利在这封信中所写到的“信念和偏见”。这不仅仅是一种判断，它适用于全人类。我们所做的和我们的想法是由我们的经验、信念和偏见所塑造的。有些人是乐观的，而有些人却是悲观的。克服我们的偏见，转而依赖“客观”的实际数据具有一定难度，尤其是我们选择要分析的数据也可能是“有偏见的”。

有时，当我们面对新事物害怕时，我们会依赖我们已经了解的东西，对大多数市场人员而言这不是分析数据。正如我们所说，这不是一个容易的转变。如果它很简单，每个人都会去做，那么它也就不会成为一种竞争优势。

对于接受数据优先挑战的营销人员，让我们一起探讨那些在数据分析时应该尝试克服和避免的更为普遍的认知偏差及数据谬误。

7.3.1 信念：形式重于功能，或“看看我的网站有多精致”

打开新苹果设备的包装盒总是一件乐事，包装完美，从设备本身的说明书到电源线、适配器和任何其他外围设备，这些组件始终以正确的顺序排列。即使没有额外说明，它看起来也很直观，这是形式追随功能的一个表现示例。

另外，有一些引人注目的网站警示示例，其中的形式似乎胜过功能。现实一点，我们一致认为，就网站而言，功能才是重中之重。让访问者成为客户是电子商务网站的首要目标。那么为什么网站未能实现这一目标，有些甚至表现得相当惊人？

1. Finish Line 昂贵的网站再设计

2012 年，零售商 Finish Line 决定重做他们的网站（见图 7–1），

图 7–1　重新设计之前的 Finish Line 主页

如果他们在此过程中没有犯几次错误，这或许不是一个坏主意。一位参与重新设计的人员认为新网站应该被提名为有史以来改进最快的网站，并称赞该设计“漂亮”。主页现在不再显示运动鞋、一些服装和配饰，而是展示了一张 20 多岁帅气男子的放大照片（见图 7–2）。如果查看新主页，你可能不会认为该网站的实际用途是销售运动鞋。

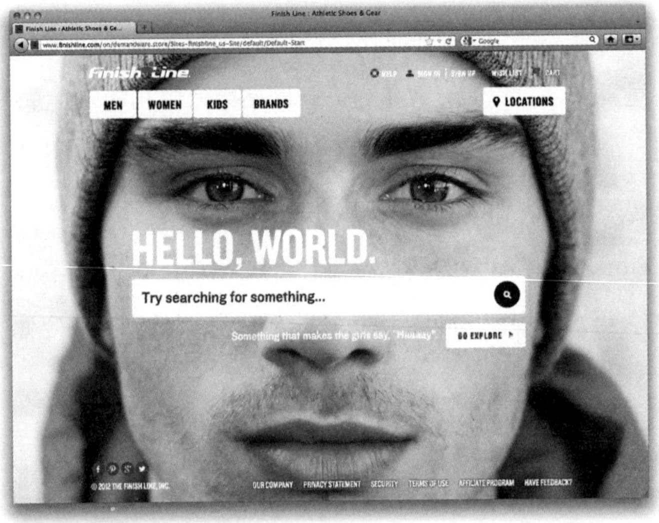

图 7–2　重新设计之后的 Finish Line 主页

更糟糕的是，Finish Line 是在假日购物季开始的前几天推出他们新网站的。在新网站建成后的 17 天里，Finish Line 损失了 300 万美元的营收，分析师将其股票评级从买入评级下调至持有评级，并降低了目标股价。首席数字官连同多位高管都被解雇了。12 月，他们恢复了旧版网站和平台。Finish Line 的 CEO 兼总裁事后分析得出结论，网站上的流量实际有所增加，但错误的网站设计和功能导致整体客户体验出现问题，进而降低了转化率。

在一年中最大的购物季之前推出一个新的电子商务平台从来都不是一个好主意，更重要的是，这个网站的重新设计说明了市场人员常常进入的一个陷阱。让某些东西看起来有吸引力是我们市场人的DNA，我们被教导要随时都遵循流行设计美学，这个原则通常受美国广告业（Madison Avenue，即麦迪逊大道，泛指美国广告行业）推崇。但是形式重于功能是一个错误，我们会犯这个错误，因为有时我们会忘记什么才是真正重要的。不应该制作一个只为用来获得营销或广告奖的作品，这关乎实现商业目标。如果商业目标是销售更多数量的运动鞋，那么形式和功能就需要支持这一点，数据将会帮助我们证明这一点。不要害怕数据，也不要为了美化网站而忽视数据。在Finish Line网站的案例中，数字展示了较低的转化率造成的潜在收入损失，这促使他们迅速采取行动以赚取剩余假期可获得的收入。

2. 玛莎百货（Marks & Spencer）因数据而重新修改网站

发生在Finish Line的故事很糟糕，但接下来的案例可能会超过它。2014年2月，历时近两年，玛莎百货获得1.5亿英镑（约2.4亿美元）的融资，推出了一个新的网站和电子商务平台。在前13周内，该公司的在线销售额下降了8%。至少它没有像Finish Line那样犯错，在假日购物季推出新网站，它还有时间去纠正错误。

重新设计中很大一部分是为了给网站带来更多视频和杂志风格的内容。这样做没有错，但再强调一次，最重要的不是让访问者接触内容并让网站看上去“漂亮”，而是专注于如何真正将浏览的用户转变为购买的客户，并且要消除一切障碍做到这一点。对任何电子商务网站，从业务和市场的角度来看，转化客户都必须是首要目标。据报道，新网站做的恰恰相反：人们在注册时遇到了问题，网站崩溃，客户发现网站导航不好，而且找不到他们想要的东西。

该公司对网站平台进行了整改，到2015年第一季度，在线销售额回升了38.7%。尽管出现了动荡和收入损失，新网站的首席设计师称其为一次成功的举措，“将玛莎百货重新定位为引领潮流的时尚购物网站，用装扮创意和精心策划的编辑内容启发顾客。”显然，他没有看数据。

7.3.2 可得性偏差：查看所有数据

随着市场人员开始自己做更多的分析，还有一种偏见非常重要。可得性偏差让我们根据最快能想到的东西做出判断，在数据中，我们可以立刻想到的是指标。对市场人员的两个告诫：

- 第一，选择正确的数据来分析你案例或问题的回答是非常重要的，并且随着时间的推移可能会发生一些变化。有时（比我们希望的要少），这样做可能很简单，当你需要的所有数据都包含在CRM中，只需使用适当的过滤器生成现成的报告即可。比如关于去年来自市场渠道的线索产生的所有收入报告。当然，这意味着所有线索都必须正确标记了原始线索来源，并且原始线索来源属于“市场渠道”来源（可能需要自定义字段指定），然后这些线索都与正确的机会关联。通过营销技术堆栈和数据设置，对你需要做的工作内容做出的完整解释可能比上述定义要长，但如果指标和销售或市场转化流程到位，能确保你获得所需的数据，这绝对可以完成。然而，大多数情况下，这并不那么简单，如果你需要的某些数据位于不同的数据库中，如果你无法访问这些其他来源，或者如果因为现成报告是通用的而你的业务不是，那么你需要自定义报告。

- 第二，如果它不是“市场部”数据库而是IT或财务部门建立的数据库，你根本不知道存在这些数据来源时该怎么办？当你设置回答问题所需的数据时，不要局限于现成的数据，而要退后一步思考你的“理想”数据集是什么。一旦你知道了，就可以做你必须做的事情来获得访问权，如果可能的话，或者如上所述，创建出能产生你真正需要数据的流程。再加上不断质疑自己是否拥有正确的数据，你将克服可得性偏差。

7.3.3 要避免的数据谬误

数据谬误是人们在进行数据分析时经常会遇到的陷阱。出于讨论的目的，我们选择了市场人员特别容易陷入的两种数据谬误进行讨论。

1.“挑选樱桃”谬误

《逻辑谬误》将“挑选樱桃”定义为“忽略不方便获取的数据、

隐瞒的证据、不完整证据的推理谬误、选择性观察的论证、半真半假的论证、洗盘作弊法、排除证据谬误，忽视反面证据、片面评估、以偏概全。”换句话说，不要这样做。基本上，当你只选择数据来支持你想要的结果、可能是你想说的话或你想要被其他人感知的方式，而故意忽略其余的数据时，这种情况就会发生。

每个人都想要表现好。当需要为董事会做报告时，选择那些让营销看起来不错的指标是一种危险的诱惑。让我们回到那个网站流量指标的示例，如果 Finish Line 向高管们展示了这个指标，那么重新设计的网站会让市场人员看上去做得挺好。可事实是，流量上升了，但转化率下降，最终，收入比预期低了数百万美元。如果不看转化次数，他们就不会知道问题有多严重。“挑选樱桃”是一种缺乏远见的策略，迟早会被发现。

2. 伪因果关系或相关性不等同于因果关系

有一个关于伪相关性的非常有趣的图形，它清楚地显示了错误的相关性。图 7–3 是我们最感兴趣的，它表明如果我们能阻止好莱

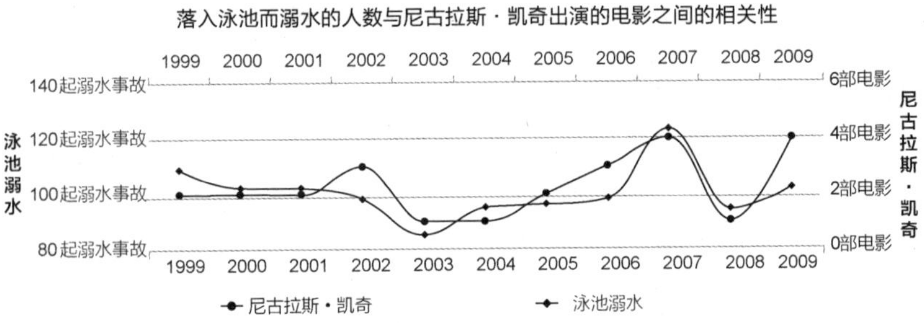

图 7–3 伪因果关系

资料来源：泰勒·维根（Tyler Vigen）为其伪相关性项目而创建的图表。

坞巨星尼古拉斯·凯奇（Nicolas Cage）扮演任何角色，人们就不会落入泳池而溺水了！

这显然是夸大其词了，两个事件同时发生并不意味着一个事件导致了另一个事件。

认为数据分析就是“客观的”观点是不现实的。数据必须结合上下文情境进行理解。例如，作为市场人员，我们已经知道哪些因素最能影响电子邮件的效果。毕竟，我们在设计电子邮件活动时考虑了这些因素：主题、内容、日期、一天中的时间、频率、目标列表、优惠等。因此，使用这些因素分析多个活动的效果以发展任何类型的相关性应该是有效的，但需要注意的是，要确保我们选择了正确的因素并有足够的数据来得出结论。

如果做得好，营销分析就不只是一个结论，而是一系列的结论。在这种情况下，科学方法绝对适用。这是一个将科学方法应用于电子邮件活动的示例（见表 7–1），然后从性能指标中收集见解并重复运行“实验”，以期获得更好的结果。如果没有取得更好的结果，那就为下一次活动的改进而分析更多的数据。

表 7–1　在电子邮件活动中运用科学方法的示例

科学方法步骤	电子邮件活动：效果“实验”
观察 / 提出问题	一个近期网络研讨会的电子邮件邀请是按交错时间表发送的。观众是一个目标细分市场的一部分，但注册人数每天都在变化
提出假设	周二或周四发送电子邮件比周一或周五发送电子邮件效果更好

续表

科学方法步骤	电子邮件活动：效果“实验”
进行实验	对于下一次网络研讨会邀请，请遵循相同的交错时间表
数据分析	我们在注册中能发现什么规律吗
总结	我们确实看到网络研讨会注册登录页面的点击率更高，但尚不清楚实际注册是否会根据特定日期发生变化。我们需要做更多的测试
重复以上步骤	

7.4 分析不同类型的营销数据

你可以通过各种方式定义市场部使用的数据，可以是内部与外部、基于点击、基于社交媒体等，但就本书而言，让我们来看看两个类别——客户数据和营销运营数据。

7.4.1 客户数据

客户数据通常是可以在你的营销自动化工具、CRM 和（或）网站跟踪工具（如 Google Analytics）中找到的信息。客户数据包括人口统计信息以及基于行为的数据，如访问的内容、访问的页面，甚至购买的产品。理想情况下，你可以跟踪每个线索的每次营销接触，从他们第一次访问网站或出现在数据库中一直到发生购买行为。跟踪这些接触并将它们与个人联系起来进行数字化营销需要做的一些工作，但对于许多线下市场活动，如公开活动或销售热线电话，你可能需要手动对比。

通过对个人买家旅程进行汇总分析，可以获得有助于创建消费者画像的见解，如中小型企业的市场总监或副总裁，这反过来有助于市场部门为广告、内容、活动等确定目标受众。对 B2B 企业，“客户”是企业而不是个人，市场部可以挖掘客户数据，针对业务进行分组，以获得额外的情报，如区分购买者和影响者，并建立从购买角色到头衔或职位的任何关联。

有很多方法可以对此类信息进行区分，但你始终要关注的过滤器是“基于收入”。要从线索来源、行业、购买时间、转换前的接触次数等方面查看收入或购买量。也许同样重要的是，要注意相反的事项，如被遗弃的购物车或成交失败的机会，并试图总结出模式或存在的共性，特别是那些市场部门可以改进活动或帮助销售部门完成交易的领域。

7.4.2 营销运营数据

营销运营数据是市场部门收集的有关市场活动或计划绩效的信息。理想情况下，可以跨所有使用渠道和营销技术工具或平台收集和（或）访问此类信息，从而创建多个来源的统一数据视图。

当涉及基于点击的数据（如访问的内容）时，营销运营数据可能会与客户数据重叠，但分析营销运营数据的目的不是创建买家视图，而是通过识别那些活动中表现良好的关键因素来提高营销效率，消除表现不佳的活动，以及减少销售和市场转化漏斗阶段之间的脱节，最终实现销售或收入的增长。

7.4.3 数据分析示例：营销绩效和效率

让我们仔细观察B2B公司使用的市场转化销售漏斗（见图7–4），以展示我们通过分析营销运营数据来提高营销绩效和效率想要表达的信息。

MAL：市场接受线索。首先进入线索培育过程中的不合格线索。

MQL：市场合格线索。已达到与你的网站/资产/电子邮件进行交互或参与阈值的MAL，这表示他们“感兴趣”。

SAL：销售接受线索。将市场部门处理的线索“移交”给销售部门，并积极处理这些线索以达到进一步的资格要求。

SQL：销售合格线索。用预算、潜在收入、购买时间等定义的销售机会。

客户：成交完成的机会。

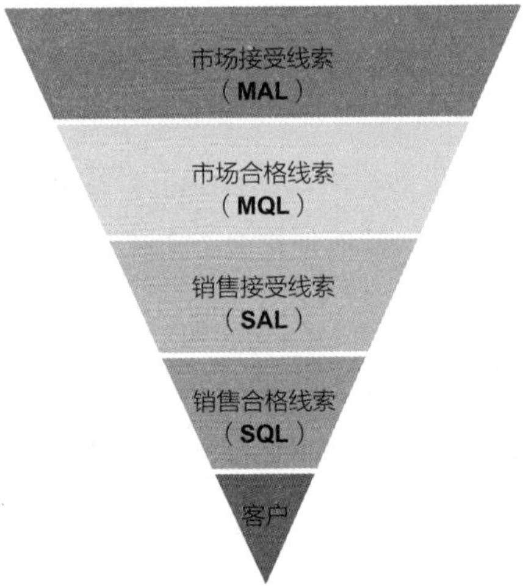

图7–4 线索培育中已定义阶段的销售和市场转化漏斗示例

数据通常以每天、每周或每月的时间快照的形式显示。设定目标也经常以这种形式进行。例如，我们的目标是本月有100个新市场合格线索，或者我想要从这个广告活动中产生500个线索。计数是简单的指标，但与任何数据一样，它需要在上下文环境中进行理解，其中一个上下文环境是根据自身的情况以显示趋势。

当谈到销售和市场转化漏斗时，市场人员通常会逐月查看他们的数字，以弄清我们需要将多少线索（MAL）置于漏斗顶部才能实现底部的收入目标。估算出这个数字的前提是了解漏斗一个阶段到下一个阶段的转化率。

衡量转化率可以让市场部门以自身为基准。转化率是一个指标，当其显示在趋势线时，它向营销管理层和最高层说明了市场部门的效率在逐月提高。让我们来看一些漏斗图的例子。

这些图表都是在Excel电子表格中生成的，这些只是在一年内获取单个漏斗指标数据集进行分析的几种方法。

1. 线索培育：线索数量

图7–5显示了销售和市场转化漏斗或线索培育过程中每个定义阶段的线索数量。在图中，我们可以看到线索的数量，但更重要的是，我们可以看到趋势——也许是季节性的。看起来夏季是将新线索添加到漏斗中对其进行处理相对较慢的一段时间，但我们看到秋季尤其是假期季节有很大的提升。在这种情况下，数据与事实相符，因为假期和年底是销售的关键时期，所以业务增多，市场部工作量也相应加大。另外，我们看到一些大型贸易展览也总是有利于MAL快速增加，如2月份。

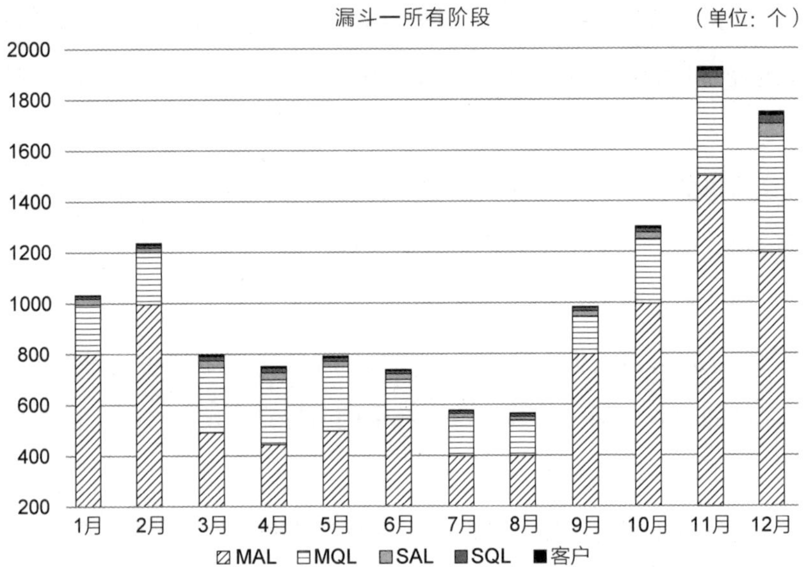

图 7-5　堆积图：按阶段划分的随时间变化的线索数量

像这样的堆积图可以快速显示出当月各阶段线索数量增加量之间的差异以及该差异随时间变化的总体情况。MAL 只是一个开始，但这些都是不合格的线索。相反，重点是我们在获得这些线索后如何做得更好，相对而言，这也反映了我们引入的 MAL 针对性如何。尽管从 3 月开始 MAL 新增加的速度有所放缓，但实际上我们正在更好地对这些线索进行资格认定并将其转移到销售部门，看起来销售人员也在更好地对其进行资格认定，这表明线索的质量也许会很高。我们在年底看到了同样的增长，以及增长比率，从中查看我们在增长之前和期间所做的事情（即查看那些可能是造成这种情况的特定活动）。

现在让我们看看查看这些数据的两种替代方法。正如市场本身一样，这需要进行一些实验才能找到适合我们所要做的事情，或者在这里，我们想要最有效地呈现的内容。

2. **转化率和变化率**

与堆积图中显示的各阶段线索总量和趋势不同，下图侧重于从同一数据集中显示两个重要趋势，并在 SQL 之后增加一个阶段“客户”，这也是我们在这里所追求的（见图 7–6）。

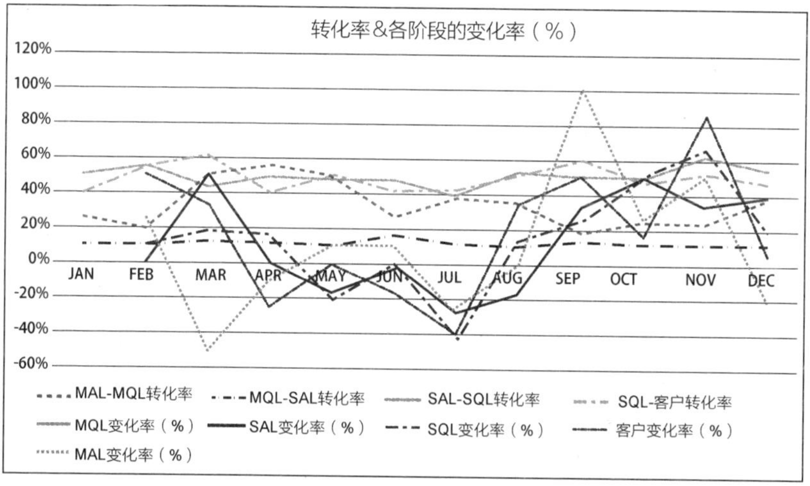

图 7–6　折线图：转化率和各阶段的变化率（%）

转化率可以显示线索从一个阶段到下一个阶段的移动情况（如 MQL 到 SQL 的转化率，通常定义为从市场部门到销售部门的交接）。在漏斗中移动线索的速度有多快？计算方法如下：

$$\frac{\text{每月各阶段的线索} - \text{上月各阶段的线索}}{\text{上月各阶段的线索}}$$

此处展示的第二个指标是每个阶段的变化率，这也是第一个图表中的趋势线，但显示为百分比，以便更容易将其与转化率进行比较，这样就可以查看是否存在任何相关性或是否有需要进行更多调查的地方。图 7–5 显示了所有阶段，但我们可以随意将其拆分以便更好地观察。我们可以在这里进行许多观察，与所有数据一样，不断尝试证明和反驳因果关系始终是一个好主意。一些观察如下：

- 尽管在任何给定阶段添加的线索数量差异较大，但销售合格线索（SQL）成为客户的比率稳定保持在 50% 左右。
- 事实上，除了 MAL–MQL 转化率之外，所有的转换率看起来都相对平稳。可能通过各种来源进入的“垃圾”线索数量是一个因素，毕竟，这些都是不合格的线索，不过这也可能是我们想要深入研究的一个领域，因为这可能意味着我们某些活动的定位做得比其他活动更好。
- 3 月份 MAL 的变化率的大幅下降和 9 月份的大幅增长是在我们的市场活动之后产生的，但与上一年进行对比可能更有意义。我们去年是否进行了相同的活动，我们是否看到了相同的下降和增长，或者是否还有其他我们不知道的影响因素？

现在让我们以柱状图的形式查看相同的指标（见图 7–7）。

以这种方式可视化信息使我们能够更清晰明了地看到高点和低点，尤其是在每次比率下降时。它还以更具条理的方式一目了然地显示了所有内容。你可以将这种图表用于总体视图，用折线图表示数据的子集，比如可以关注漏斗的某些部分来更方便地查看趋势变化。

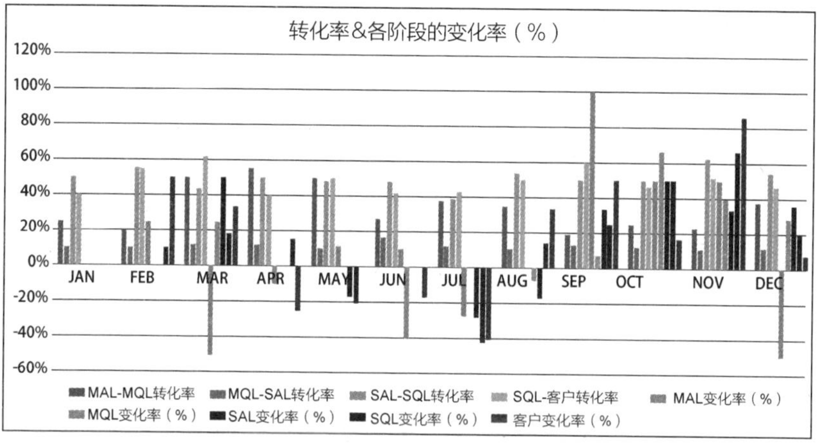

图 7–7　柱形图：转化率和各阶段的变化率（%）

当我们将 SAL/SQL/ 客户转化率和变化率分开呈现时（见图 7–8），我们可以更容易地看到可能存在的相关性。

- 转化率在一年中保持得相当稳定，但当我们更仔细地观察时，我们可以看到会有峰值出现，因为除了 5 月和年底我们都在加快添加 SAL 和 SQL。还有什么会影响这个？截止时间会是另一个影响因素吗？
- 年终趋势线似乎与年初看到的不一致。这会是假期季节特有的吗？我们能否确定是什么销售或市场活动导致这种情况出现的？

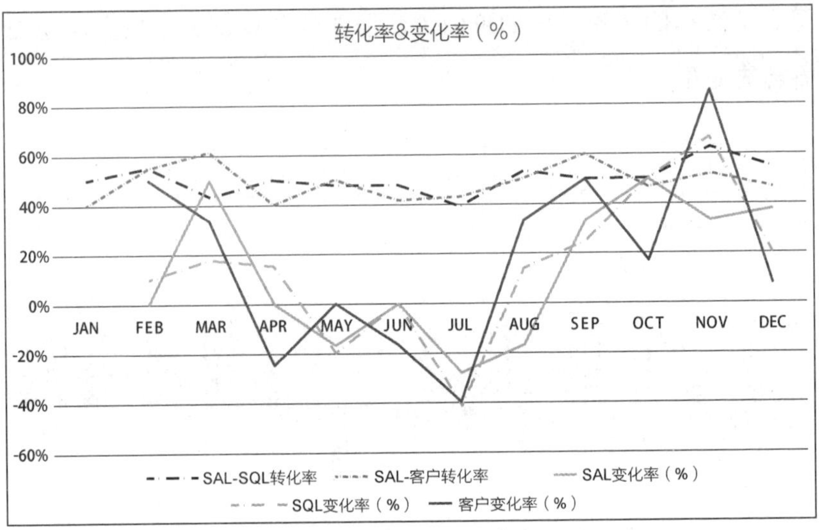

图 7-8　SAL/SQL 与 SQL/ 客户的转化率以及变化率

最后，让我们看看收入方面。

3. 销售来源：渠道和收入

此图显示了市场推广线索中增加的渠道、获得的收入以及收入损失（见图 7-9）。它在此处显示为堆积图，因此你还可以一目了然地看到每个月的整体收入情况。

- 最高的收入出现在年末的假期季节以及可能作为结转进入的1月，这并不奇怪，但6月发生了什么？收入损失远远超过增加的渠道和收入，这是意外吗？是什么弥补了80 000美元的收入损失？是因为一笔较大的失败交易，还是因为几笔交易，或是因为我们需要更加关注的其他事情？

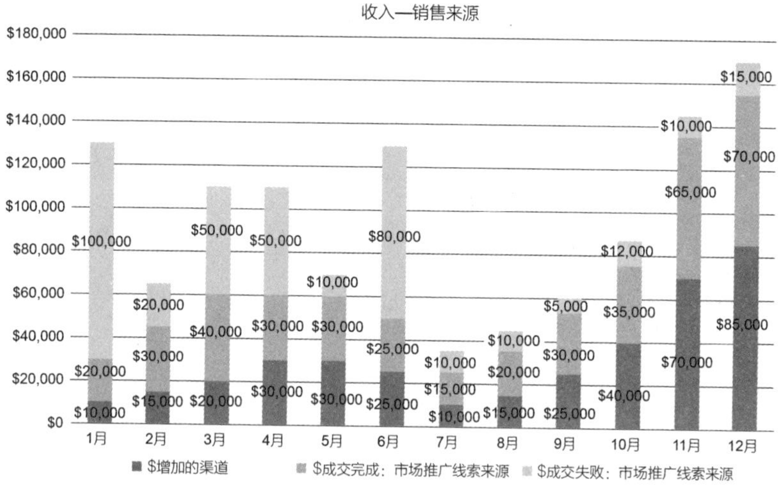

图 7-9　堆积图：由市场推广线索来源产生的收入

- 该图清晰明了地显示了每个收入类别的相对金额，9 月至 12 月表现突出。这几个月不仅收入损失相对较小，而且渠道、获得的收入和整体收入都呈上升趋势。

我们依据漏斗数据只展示了五个图表，其实有更多可以排列的组合，尤其在收入方面。尝试按渠道、主要来源、内容资产等维度对数据切片。如果你正确设置了数据收集和数据集成方式，这应该都能做到。请乐在其中，并相信你有正确的经验来提出正确问题并获得答案。

7.5　从现在开始行动

不要害怕开始分析你拥有的数据，你之前没有做过，并不意味着你不能做。作为需要了解活动内容、方式和原因的市场人员，你最适合从活动生成的数据中提出见解，而且做得越多，你就会越熟练。

1. 保持前后报告期营销指标的一致性

如果没有随着时间推移进行的持续衡量，你如何知道随着时间推移你的表现是更好还是更差？如果你认为某个指标对业务和（或）市场团队很重要，那么就需要展示它。

2. 多尝试用图形或可视化样式

一张图胜过千言万语。例如，从折线图变换到柱状图，就可以透露出在其他情况下可能看不到的见解。

3. 不断尝试

持续提问题，并记住多问为什么。多考虑其他因素，不要害怕重新处理问题。

4. 专注于最终目标

无论展示市场部门对企业的价值（销售来源的收入），还是查看营销运营数据以确定改进的关键领域（漏斗转化率与漏斗变化率），请始终聚焦于你的最终目标。

第8章

第4步：量化营销活动框架

量化营销活动框架侧重于持续改进，以帮助市场部门实现企业目标。要真正获得持续改进，市场活动必须按循环周期开展，市场团队在循环周期中开发、执行和分析活动，并了解可以改进活动的方法。

活动代表了市场工作实施的核心，通常指外部受众与市场部工作相关联的内容。战略和规划是我们市场人员工作的基础，其他人在我们创作的内容和活动中看到了我们的劳动成果。但作为市场人员，我们开发的内容和执行的活动，是我们为实现销售业务目标而制定的战略和规划的产物。

然而，市场推广活动的执行常常无法支持整体企业目标。如今，市场人员有很多机会，这些新机会存在于新平台、新功能、新广告投放选项和新创意中。如果没有可靠的商业市场战略和市场计划，市场人员如何真正了解哪些营销机会最适合实现销售和企业目标?

在本章，我们将回顾量化营销活动框架的九个部分。该框架包含持续改进模型，同时始终聚焦于总体企业目标，以及始终使用数据来构思具有可衡量表现和价值的更优质活动的重要性。如图 8–1 所示，活动框架有三个主要阶段，即开发、执行和分析，每个主要阶段都有三个步骤。

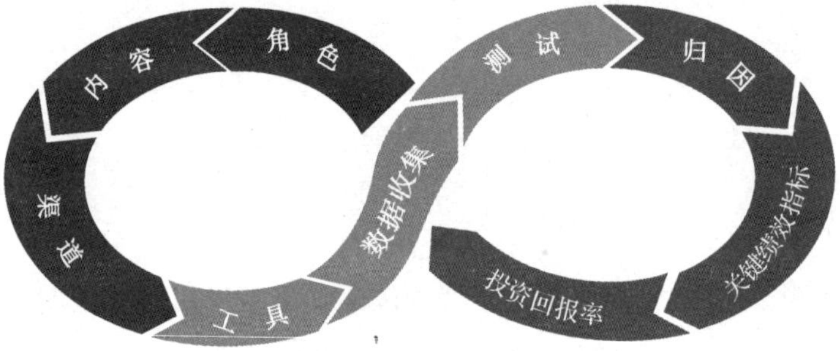

图 8–1 量化营销活动框架

8.1 开发阶段

亚伯拉罕·林肯（Abraham Lincoln）说:“给我六个小时砍倒一棵树，我会用前四个小时来磨斧头。”有效的执行依赖于充分的准备，在量化营销中，我们的准备工作包括收集信息、创建内容资产和确定活动的恰当渠道。虽然准备工作并不总令市场人员兴奋，但它确实为整个市场营销工作的成功奠定了基础。

量化营销活动框架始于开发阶段，该阶段我们的活动需要三个基础准备工作:

（1）建立买方角色（又称用户画像）。

（2）开发内容资产。

（3）选择分销和沟通渠道。

首先，我们必须了解我们的营销对象。正如《打破桎梏》(*Break the Wheel*）的作者杰伊·阿库佐（Jay Acunzo）所说："你永远不会给一头狮子喂沙拉。"换句话说，我们必须了解我们的受众：狮子真的不喜欢沙拉。如果我们想获得新客户，那么清楚知道我们的客户是谁，他们拥有哪些人口统计数据、他们的痛点是什么以及他们正在寻找什么，将对我们大有帮助。在这个基本步骤中，我们收集了重要数据，这些数据让我们了解了潜在客户希望我们从业务中了解哪些信息以及我们可以使用哪些渠道与他们进行沟通。

1. 建立买方角色

了解目标受众是量化营销市场活动成功的第一步。建立与目标受众相匹配的买方角色可以为你节省时间和资金，并使你更接近那些能够带来更快收入的最终目标。彼得·德鲁克表示："市场工作的目的是加深对顾客的认识与了解，以使产品或服务满足顾客需求并实现自动销售。"

深入了解买家和买家旅程对于计划和执行活动至关重要。买家对哪种类型的内容最敏感？哪些平台最能吸引我们的目标受众？这些活动应该在何时、何地进行？买方角色有助于塑造和定义整个活动中使用的内容、渠道和方法，以接触潜在机会并将该潜在机会转化为线索或销售。

然而，买方角色不应该在市场团队的独立环境中被创建，而应该涉及其他与客户合作的关键利益相关者。买方角色研究所（Buyer Persona Institute）的创始人、《买方角色：如何洞察客户期望并调整营销策略以赢得更多业务》（*Buyer Personas: How to Gain Insight into Your Customer's Expectations, Align Your Marketing Strategies, and Win More Business*）的作者阿黛尔·雷维拉（Adele Revella）分享了与销售团队针对关键角色达成共识的重要性：

> 市场人员熟悉参与购买决策的每个人，他们采取的步骤和评估的因素可以帮助销售人员预测不可避免的障碍，并提供销售人员推动这些决策所需的工具和论据。不过，还有另一个同样重要的效果，当市场部门和销售部门对赢得更多业务所需的工作有相同的理解时，两个组织之间的差距就会缩小，它们自然会成为一个更有凝聚力和更高效率的团队。

雷维拉建立买方角色方法的关键是与销售团队就买方角色的定义达成一致。虽然市场人员对潜在客户的身份有一些了解，但在许多情况下，市场人员可能只有一部分关于实际购买者是谁以及导致他们购买的部分数据。销售团队，通常是客户服务团队，也可以提供有价值的见解，他们应该参与到买方角色的构建过程中。

作为市场人员，你是否曾经向销售团队提供过很多线索，但他们却回复说这些线索不好？这是许多市场人员经常遇到的情况。除了作为市场人员的活动指南之外，与销售团队一起建立的买方角色有助于在关键利益相关者之间建立标准定义和理解。在买家旅程中，谁将线索定义为“销售合格”的？销售团队是否真的在提供帮助来定义他们的资格要求？答案应该是肯定的。通常，这些资格要求涉及特定的人口统计数据或行为。然而，如果市场团队对销售数据没有充分的了解，那么市场团队自己如何定义哪些线索有资格成为最佳销售前景并成为销售合格线索？

根据 LinkedIn“2018 年销售状况”的报告，虽然 44% 的市场和销售专业人员比过去几年更紧密地合作，但只有 20% 的销售专业人员说销售和市场在定义目标线索方面有明显重叠。因为销售团队对资格要求的定义可能与市场团队的定义不符，两个团队的不一致导致了线索的质量差异。在 LinkedIn 的研究中，仅 22% 的人表示市场推广线索非常优秀，只有 42% 的人表示市场推广线索质量很好。

“销售和市场握手”，通常被称为是市场和销售团队之间精心安排使销售受益的方法。研究表明，市场团队和销售团队之间协调工作不仅有利于市场团队，也有利于销售团队，销售团队也会受到经济激励以实现销售目标。近年来，市场部门和销售部门紧密合作的趋势有所上升，57% 的顶级销售人员（超过销售目标至少 25% 的人）认为市场工作的重要性达 80% 或更高。

2. 开发内容资产

虽然内容营销是一个不断发展的领域，但弄清楚市场人员为什么要创作内容至关重要。内容创作通常是每一个组织中最困难的任务之一，它需要专业知识和资源投入。根据 2017 年 Ascend2 的“内容营销和分发”研究，只有 18% 的组织在内部满足了内容营销需求。访问内部资源和拥有该资源的专业知识成为实现满足内容需求的挑战，这使得无论是使用稀缺内部资源还是外部投资进行内容创作的服务，都必须尽可能准确地进行内容组合、规划和执行。

一旦我们了解受众并利用买方角色对其进行定位，我们就可以开始创作能够吸引他们注意力的内容。首先，考虑客户在买家旅程中会提出什么问题，这能为他们提供信息。在该部分，销售部门也应该参与市场部的内容规划工作。销售部门需要规划列出买家旅程的内容，以帮助市场部门回答问题并避免两个部门之间的脱节。实际上，由销售和市场团队单独创建的内容也经常出现错位，并可能影响客户的品牌认知。在 2018 年的 LinkedIn 研究中，89% 的决策者表示某产品中市场和销售部门使用统一语言是“非常重要的”（50%）或“重要的”（39%）。然而，近一半（48%）的人表示，在知晓解决方案时，他们经常或总是感受到市场和销售部门传达出不同信息。

当我（珍妮特）举行关于搜索引擎优化的研讨会时，我经常会举例说明买家的搜索查询如何在整个旅程中发生变化。例如，想要购买跑鞋的人可能会在发现阶段以“女式跑鞋”等词开头进行搜索查询，随着潜在买家缩小搜索范围，搜索查询词变得更加具体（见图 8–2）。

虽然这只是买家旅程的简化视图，但它说明了在旅程中买家会搜索特定词。此外，买家在购买过程中也会提出问题，正如图 8–2 中举例的代表关键词一样，它也简单地代表着买家在整个过程中会遇到的典型问题。

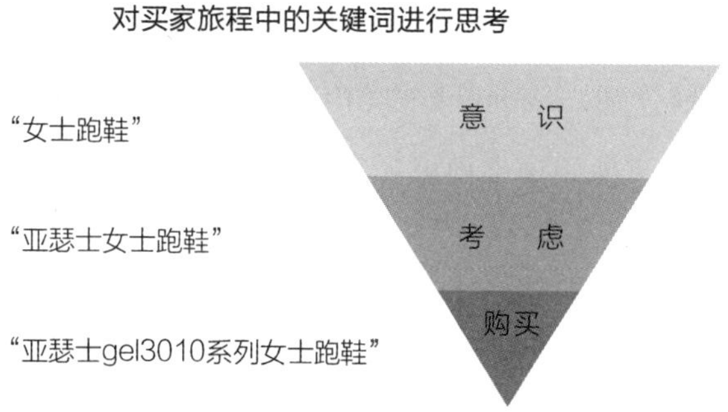

图 8-2 规划列出买家旅程搜索关键词的示例

在某些情况下，一种产品或服务可能有多个买方角色。例如，组织中的人力资源部门通常会寻求 IT 部门的帮助来评估和批准人力资源软件的采购。在这种假设情况中，有两个买方角色：HR 部门和 IT 部门，前者的要求是供 HR 特定使用，后者则要评估软件的兼容性、稳定性等。与 IT 人员相比，HR 人员在评估软件时可能会提出不同的问题。

另外，还需考虑与买家旅程阶段相关的内容目标。意识和考虑阶段的内容可用于建立、告知或教育品牌，而在转换或资格阶段的内容可用于说服和转化。买家购买旅程的阶段将决定内容的主题和内容采用的格式。

活动实施的计划渠道是内容开发另一个需要考虑的因素。这段内容将如何发布？通过电子邮件、付费广告还是自动搜索？根据对应买方阶段的不同内容重点，为内容发布选择正确的渠道还有助于确定内容格式。它应该是长格式还是短格式内容？它应该像信息图那样易于理解和可视化，还是像白皮书那样高度文本化和可下载？

T恤定制公司CustomInk的SEO分析师杰夫·格雷戈里（Jeff Gregory）分享了他们用来构思和衡量内容的三个标准：流量、链接和转化。

格雷戈里解释道："我们总是问自己，它会带来流量、链接或转化吗？"如果内容能带来流量，那就很好，如果能带来链接或转化，那就更好了。若能带来流量和链接或转化就极好了。实现流量、链接和转化，是格雷戈里所说的三连胜，"三连胜始终是最高目标，但不可否认，这种情况确实很少发生"。

几年前，我们与一个存储设施的聚合网站合作。尽管许多人在创作有意义的内容方面遇到了麻烦，但该网站的博客在撰写与其买方角色需求相关的重要文章方面做得相当出色。这些文章为相关自动搜索词带来了高排名，也为网站的博客带来了较好的自动搜索流量。

从表面上看，这个事例听起来非常成功，该组织编写内容，针对自动搜索进行了优化，并通过自动搜索促成了大量网站流量。如果企业营销目标只是简单地产生网站流量，那么这就是一个精彩的成功案例。但仅靠网站流量并不能产生收入。

进一步分析上半年的热门博客文章后，拥有最高自然流量的博客文章吸引了超过17 000名新网站访问者，但该页面的访问者没有在网站上预订转化机制（见图8–3）。那段时间里，产生自然流量排名前五的博客文章甚至没有促成一次网络预订，尽管它们通过自动搜索吸引了超过63 000名新网站访问者。

Landing Page	Acquisition: Users	Acquisition: New Users	Acquisition: Sessions	Behavior: Bounce Rate	Behavior: Pages / Session	Behavior: Avg. Session Duration	Conversions (Goal 1: Web Booking): Web Booking (Goal 1 Conversion Rate)	Conversions: Web Booking (Goal 1 Completions)	Conversions: Web Booking (Goal 1 Value)
	292,854 % of Total: 10.66% (2,747,113)	283,387 % of Total: 10.37% (2,732,304)	317,664 % of Total: 8.85% (3,588,444)	88.45% Avg for View: 56.84% (55.62%)	1.23 Avg for View: 2.35 (-47.90%)	00:00:44 Avg for View: 00:02:07 (-65.66%)	0.02% Avg for View: 2.11% (-98.82%)	78 % of Total: 0.10% (75,704)	$0.00 % of Total: 0.00% ($0.00)
1.	18,134 (6.08%)	17,890 (6.31%)	18,910 (5.95%)	95.25%	1.06	00:00:19	0.00%	0 (0.00%)	$0.00 (0.00%)
2.	12,841 (4.30%)	12,504 (4.41%)	13,861 (4.36%)	95.13%	1.08	00:00:25	0.00%	0 (0.00%)	$0.00 (0.00%)
3.	12,274 (4.11%)	12,065 (4.26%)	12,891 (4.06%)	91.03%	1.16	00:00:29	0.00%	0 (0.00%)	$0.00 (0.00%)
4.	11,505 (3.86%)	11,369 (4.01%)	12,324 (3.88%)	80.66%	1.28	00:01:02	0.00%	0 (0.00%)	$0.00 (0.00%)
5.	9,825 (3.29%)	9,660 (3.41%)	10,600 (3.34%)	93.77%	1.10	00:00:26	0.00%	0 (0.00%)	$0.00 (0.00%)
6.	9,379 (3.14%)	9,013 (3.18%)	9,940 (3.13%)	94.87%	1.09	00:00:28	0.00%	0 (0.00%)	$0.00 (0.00%)
7.	8,884 (2.98%)	8,295 (2.93%)	9,581 (3.02%)	87.17%	1.21	00:00:49	0.00%	0 (0.00%)	$0.00 (0.00%)
8.	8,467 (2.84%)	8,388 (2.96%)	9,322 (2.93%)	89.29%	1.19	00:00:45	0.00%	0 (0.00%)	$0.00 (0.00%)
9.	8,367 (2.80%)	8,072 (2.85%)	8,712 (2.74%)	79.38%	1.53	00:01:21	0.00%	0 (0.00%)	$0.00 (0.00%)
10.	8,345 (2.80%)	7,713 (2.72%)	8,762 (2.76%)	87.71%	1.19	00:00:49	0.00%	0 (0.00%)	$0.00 (0.00%)

图 8–3　热门博客文章的 Google Analytics

虽然新网站流量确实令人印象深刻，但CEO更关心哪个指标：网站流量还是网络预订？

并非所有内容或活动都能直接带来线索转化、销售合格线索、机会或销售。大量内容和活动只是可能会影响转化、机会和销售，但它们可能不会因这种影响而获得任何反馈。品牌营销就是一个很直接的例子，内容和活动要在发现阶段建立专业认知或展示产品，并且通常品牌活动可能没有与之相关的转化指标。

不要仅仅为了创作内容而创作内容，问问自己："这些内容是怎么帮助我实现业务目标的？"正如格雷戈里在CustomInk所做的那样，定义每个特定内容的目标。某些内容可能仅用于捕获线索，其他内容可能是将线索转化为销售。确保你在买家旅程每个阶段的目标都有完整内容覆盖的一种方法是，简单地将你拥有的内容与每个角色和买家旅程阶段或目标进行匹配。匹配内容可以为你提供360度视图，带你了解拥有的内容、内容的及时性和相关性，以及它如何匹配到各种受众及买家旅程。图8–4展示了一个基于客户购买阶段和角色的人口统计数据（如行业和公司规模）内容的示例。

按角色数据（如行业、公司规模、服务和购买周期阶段）组织内容能够让我们轻松识别需要开发的内容，以解决整个过程中识别特定买家的问题。

在为活动规划内容时，还要考虑内容的格式。在选择活动渠道时，内容格式也很重要，因为特定内容格式需要特定内容渠道的赋能才能表现出最佳效果。例如，在推动LinkedIn上Marketing Mojo的转化率方面，白皮书这一内容格式要优于在线研讨会。你可能需

Industry	Company Size	Related Service	Stage	Content Asset	Content Type	Publish
All	Small to large	SEO	Awareness	Mobile Usability Checklist: What to Do NOW to Optimize Your Website for Mobile Search	Checklist	4/14/2015
All	Small to large	SEO	Awareness	The Definitive Guide to Implementing Rich Snippets	Guide	9/9/2014
All	Small to large	SEO	Awareness	Ten Years of SEO	Infographics	12/16/2015
All	Small to large	SEO	Awareness	Is Your Website the Victim of a Google Panda or Penguin Algorithm Update?	Infographics	12/4/2014
All	Small to medium	SEO/Content Marketing	Awareness	How Search Engine Marketing and Content Marketing Work Together	Infographics	12/17/2013
All	Small	SEO	Awareness	Small Business SEO Guide		
All		SEO	Awareness	Advanced Strategies for SEO		
Ecommerce	Small to large	SEO	Awareness			
Ecommerce	Small to large	SEO	Consideration	Holmes Products Increases Online Revenue from Organic Search by 28%	Case Studies	5/6/2016
Ecommerce	Small to large	SEO	Consideration	Oster Uses SEO to Increase Site Revenue by 93%	Case Studies	12/7/2016
Ecommerce	Small to large	SEO	Consideration	How FoodSaver Increased Organic Traffic & Revenue from Its Product Pages	Case Studies	3/15/2016
Ecommerce	Small to large	SEO	Consideration	Crock-Pot Increases Organic Search Traffic and Revenue	Case Studies	2/10/2016
All	Small to large	SEO	Consideration	Beacon Hill Increases Organic Traffic Through Page Speed Optimization	Case Studies	9/3/2015
All	Small to large	SEO	Consideration	How Video Increased Organic Traffic for Petrochem by Over 300%	Case Studies	3/3/2014
All	Small to large	SEO	Consideration	Marketing Mojo Restores Top Google Rankings for Mazda	Case Studies	2/6/2014
All	Small to large	SEO	Consideration	SEO Agency Checklist	Checklist	12/19/2013
All	Small to large	SEO	Decision	Marketing Mojo Service-focused document- collection of case studies for a SEO		
All	Small to large	SEO Audit	Decision	SEO Audit Offer		
All		SEO	Loyalty/Advocate	How to Recover from the Google Mobile Ranking Update	Training Courses	

图 8-4　通过表格展示匹配内容的示例

要随着时间的推移测试各种格式，以查看哪些内容格式最能与不同渠道上的角色产生共鸣。

某些内容格式也会在你的广告系列中带来意想不到的问题。例如，默认情况下，PDF 在大多数搜索引擎中是可索引的。如果将 PDF 用于产生线索，请确保你是以战略的方式实施 PDF。如果 PDF 内容是通过表单进行访问的，并且希望访问者填写表单才能查看 PDF 内容，那么你可能不希望该 PDF 直接在搜索引擎中可见。

在一位客户的案例中，我们发现超过 35% 的客户自然流量是在 Google 中直接点击 PDF 自动搜索结果产生的。图 8–5 显示，该客户在 90 天内超过 12 000 次直接自动搜索点击在 Google 中自动排名的 PDF 网站。大多数 PDF 都带有线索生成的表单，但搜索者可以跳过线索生成表单并直接通过 Google 自动搜索访问内容。

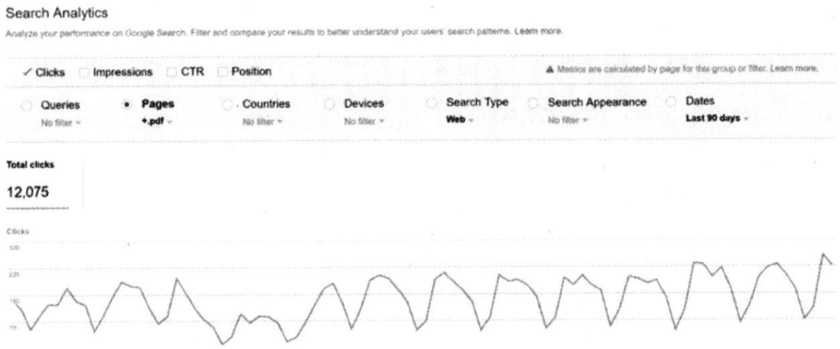

图 8–5　谷歌搜索控制台

在 90 天内，此 PDF 内容（主要是封闭式白皮书）的点击次数超过了 12 000 次，但由于搜索者无须填写线索生成表格即可直接找到内容，该客户可能会失去数千个潜在线索，这对线索生成来说错失了很多机会。

当我们为买家旅程创作内容时，让销售团队参与内容计划讨论十分重要。当销售团队继续核验资格并进行销售时，他们也会有内容需求。根据 LinkedIn 的“2018 年销售状况”研究，销售团队优先考虑将倾向于网站和视频的内容类型作为影响潜在买家的数字内容形式。

不过，并非所有内容都是“常青树”，因此内容营销专家阿尼·库恩（Arnie Kuenn）建议每年重新审视一次内容匹配。根据他的经验，库恩发现，即使在创建了与买家旅程相匹配的战略内容之后，市场人员对内容战略和匹配的关注也会随着时间的推移开始减弱：

> 他们开始失去对你需要跟踪的所有事情的关注，很快他们就只记得他们需要制作大量内容，而忽略了每条内容的目标应该是什么。那便是事情出错的开端，我已经见证过很多次这种情况了。

将你的内容战略性地匹配到目标和客户渠道并坚持该开发计划似乎很麻烦，但如果选择随波逐流不这么做的话，可能会更糟。

有人创造了大量内容，并将这些内容清楚地匹配到买家旅程中，而另一些人则希望不计后果地削减内容。随着时间的推移，组织可以拥有深厚的内容储备，审查和评估每一部分的内容似乎是必然的了。然而，在内容审查上投入时间可以防止你丢弃有价值的内容。

我们的一位客户正在重新设计其网站，而市场总监希望整合该网站不断扩展的内容。作为非营利组织的SEO团队，我们建议整合大部分内容，不对自动搜索产生很多负面影响。但是，网站中的某一页对SEO和转化至关重要。该页面是一个简单的“事实”页面——写满了有关美国儿童饥饿的信息。该页面被无数新闻机构、出版物引用和链接，它还在超过45个相关搜索词的结果页面顶部被列为精选答案片段，并在超过318个其他关键字的搜索结果中排名前10。总体而言，这个页面是该网站上自动搜索流量最高的页面，最重要的是，它为非营利组织带来了最多的捐赠转化。一旦客户被告知这个页面在其营销工作中的重要性及其产生的收入结果，他们会明智地选择保持页面活跃。然而，如果不考虑页面的整体价值，无论是对SEO还是创收，他们可能都会很容易地将其删除并失去这些价值。

3. 选择分销和沟通渠道

新闻聚合网站Buzzfeed前代理发展副总裁乔纳森·佩雷尔曼（Jonathan Perelman）说：“内容为王，但渠道才是女王，并且女王说了算。”（Content is King, but distribution is queen and she wears the pants.）换句话说，内容当然很重要，但如何分发内容同样很重要。你可以为线索创作最好的内容，但如果他们找不到，那又有什么用呢？

在选择活动渠道时，根据实际数据的买方角色确定合适的平台以吸引合适的受众。你的买家在哪里闲逛？哪些渠道是接触他们的正确渠道？当针对商业专业人士时，LinkedIn上的付费广告可以非常有效地根据特定受众的专业人口统计数据（如职称、经验年限、技能、公司规模等）定位特定受众。

渠道也有不同的受众关注点。LinkedIn 和 Facebook 等社交渠道帮助市场营销人员根据人口统计和身份定位目标受众，而搜索引擎主要利用受众的需求。理想情况下，作为市场人员，你希望在买家有购买意向时接触到合适的买方角色，这通常意味着要采用多渠道方法结合身份和意向信息。例如，搜索引擎提供的意向信息和社交媒体平台提供的身份信息重叠后可提供准确的目标受众。如图 8-6 所示，营销的最佳点可在它们重叠的地方找到，当买家处于市场中时，这可以帮助我们对其进行准确定位。

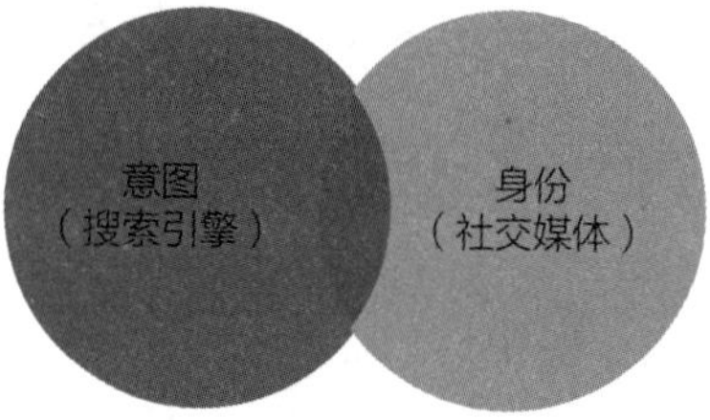

图 8-6　搜索引擎向我们显示某人的意图，社交媒体则显示某人的人口统计和身份信息

此外，不同的渠道和平台有不同的广告和内容投放机制以及衡量成功的方式。在选择和设置渠道时，请确保你知道如何衡量市场推广活动，并且衡量方法是一致的。Google Ads 早在 2007 年就在其平台中设置转化跟踪功能，而 LinkedIn Ads 在 2016 年才为其平台添加了转化跟踪功能。在此之前，LinkedIn 广告商必须使用典型转化跟踪像素的替代方法，以跟踪 LinkedIn 平台上的实际转化。

如果平台不具备转化跟踪功能，就如 2016 年之前的 LinkedIn Ads，那么可以通过第三方跟踪工具来跟踪转化。尤其是在平台本身不能提供转化跟踪功能的情况下，Google Analytics（或其他网络分析软件）可以作为跨多个平台跟踪转化的可行替代方案。但是，如果你选择通过网站分析跟踪某些平台的转化，或通过平台跟踪像素来跟踪另一些平台的转化，那么了解跟踪方法就非常重要，以确保你能够在不同平台一致地跟踪转化。

我们使用 Google Ads 和 Google Analytics 对一家 SaaS B2B 软件公司进行了数字广告审计。市场人员可以从 Google Analytics 导入他们的目标，并在 Google Ads 跟踪转化时建立这些目标，这是 Google Ads 平台的优势之一。这有助于确保跨两个平台目标跟踪的一致性。然而，该公司已将 Google Ads 转化与 Google Analytics 目标分开设置。

在检查 Google Ads 转化与 Google Analytics 目标之间的跟踪时，该公司最重要的目标是“安排演示”来操作转化两个平台之间不一致的跟踪，因为被跟踪目标页面的 URL 在两个平台之间不同（见图 8–7）。

这种不一致不仅会导致分析阶段后期出现重大报告错误，还会使得日常活动出现管理不善的情况。市场团队成员每天都在管理 Google Ads 账户，因此理想情况下，他们的目标是优化广告以实现最高的转化率、最佳的转化率和最低的转化费用。如果本机平台转化跟踪不正确，可能会产生误报，并导致市场人员对预算分配进行错误的更改以及为不太成功的活动提供财务费用。

如示例所示，为活动选择渠道时，必须将数据收集和数据一致性预先考虑到活动中，并且需要制订计划以确保跨平台衡量数据的一致性。

在收集数据的过程中，你还可能需要调整渠道。许多市场人员非常重视付费搜索广告。搜索引擎通常最擅长判断搜索者的意图，但在判断身份方面并不总那么顺利。虽然搜索引擎往往有很多定位选项，这些选项中的人口统计通常对B2C的定位很重要，如平均收入、性别和年龄，但搜索引擎通常缺乏与B2B相关的人口统计数据。由于广告商无法根据某人的职位或公司规模等信息来定位他们的买方角色，导致每次点击和每次转化的成本较高，从而导致各种背景的搜索者点击这些广告并产生转化，即使他们不是目标买家。

我们有几个B2B客户也遇到了同样的问题，包括当时朱莉娅的公司ScienceLogic。许多ScienceLogic的目标关键字（如“服务器监控软件”）在Google Ads中平均每次点击的费用高达24美元。我们决定扩展到LinkedIn Ads，以测试通过社交媒体定位业务的人口统计数据是否会带来更大的成功。最后，通过利用每个渠道的优势并相应调整预算，收入增加了281%，销售渠道增加了1178%，每次点击成本下降了83%，每个线索的成本非常惊人地下降了94%。

8.2 执行阶段

一旦开发阶段完成，我们就准备进入执行阶段并启动我们的活动。执行阶段是关键环节，我们的计划在这个阶段付诸实施。如果

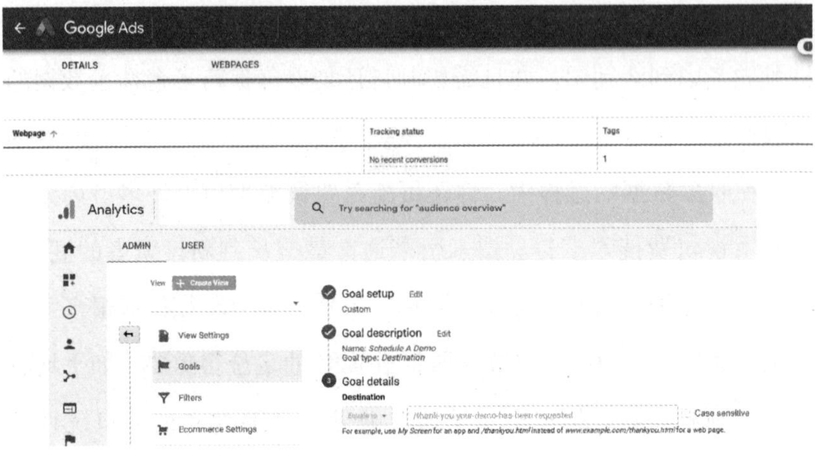

图 8-7　Google Ads 与 Google Analytics 之间不同的跟踪

不能有目的地执行这些计划，计划和战略就毫无意义。

1. 选择、准备和优化你的工具

孔子曾说："工欲善其事，必先利其器。"在启动并执行活动之前，请先确保你已经全面考虑了市场策略，然后再选择、准备和优化适合这项工作的工具。不同的活动重点、分布和目标，需要不同的软件或营销工具来构建和跟踪数据以衡量结果。在一些情况下，你也许需要拥有能组合各种来源信息的工具，以全面了解活动结果。

要确定工作中需要哪些工具，我们必须从要得到的结果开始。我们要衡量什么？哪些工具能最有效地计算这些指标？

正如我们在选择渠道时提到的，我们选择的渠道在定位受众和内容格式方面拥有不同的能力，渠道还可为平台提供各种指标。这可能需要使用额外的工具来组合不同平台的指标，或者在平台本身的替代工具中获取所需的指标。

此外，渠道平台或市场团队拥有的工具中可能没有那些你希望从活动中获取的数据。例如，销售数据（如机会和收入数据）位于客户关系管理（CRM）系统中，如 Salesforce 或 Microsoft Dynamics。虽然市场团队可能有 CRM 系统的一些访问权限，但这些工具及其访问权限通常由销售团队拥有和控制。

如果你的团队正在尝试一项 SEO 工作，你该怎么办？你如何决定关键词？了解当前客户使用哪些关键词来搜寻你的公司以及进行转化，会对你有所帮助。不巧的是，Google 和其他搜索引擎加密了自动搜索结果，因此你无法通过 Google Analytics 等工具确定哪些自动搜索关键词产生了转化和电子商务购买行为。

但是，在这种情况下，一种可能的解决方法即通过其他工具和渠道获得新内容。例如，如果现在有一个付费搜索广告活动，你就可以从查看那些引起转化的关键词开始。如果提前做好计划并想好了使用的工具，你还可以在目标网页线索生成表单的隐藏字段中捕获每个转换线索的付费搜索关键词，并可将此数据传递给营销自动化系统和（或）CRM 工具，然后通过运行报告查看最常被付费搜索广告转化的客户使用的那些关键词。具体了解实际客户使用了哪些关键词可以为通过实际相关收入数据指导 SEO 工作提供帮助。但是要获得这些内容意味着你必须尽早考虑需要的工具以及思考它们如何使你能够收集有用的信息。

当组织为了收集数据采取行动时，你需要了解客户旅程测量路径中的工具，并确保所创建的活动能使用这些工具，然后将准确的信息从活动传递到测量工具。

2. 在整个活动和销售过程中收集数据

在计算机科学中，术语 GIGO 是"Garbage In，Garbage Out"（输入的是垃圾，输出的也是垃圾）的首字母缩写，表示输出的数据与输入的数据一样。换句话说，如果将不良数据输入计算机，那么输出的数据也会有缺陷。

营销中，准确的数据输出在很大程度上依赖于准确的数据收集。随着营销与数字平台高度交织，这似乎是一项简单的工作。然而，收集精确数据往往是市场人员最常犯的错误之一。当输入的数据不正确时，输出的数据也将不正确，市场人员将接受误报，并根据错误的输出信息做出重要的预算和战略决策。

如今初始数字化营销阶段中，Google Analytics 是市场人员收集数据的一种更常见的工具，它为市场人员提供了一种简单的方法标记来自任何活动的链接，这样便能知道流量是如何进入网站的。如果不正确实施或完全忽视，Google Analytics 标签（UTM 标签）可能会为市场人员提供错误的或不完整的数据（见图 8–8）。

在对某客户的数字广告审计中，我们发现了应用错误的标记。图 8–8 显示了 Google Analytics 源或媒介报告的示例，google/cpc 和 AdWords/cpc 的源实际上都代表来自 Google Ads 的流量。但是，google/cpc 的源或媒介是通过自动标记过程在 Google Ads 中实现分配的，该过程自动将 Google Analytics 标记的数据添加到每个广告中。相反地，AdWords/cpc 源或媒介是由客户手动分配给某些广告的。

这会导致什么问题？在两个标签之间拆分 Google Ads 的总流

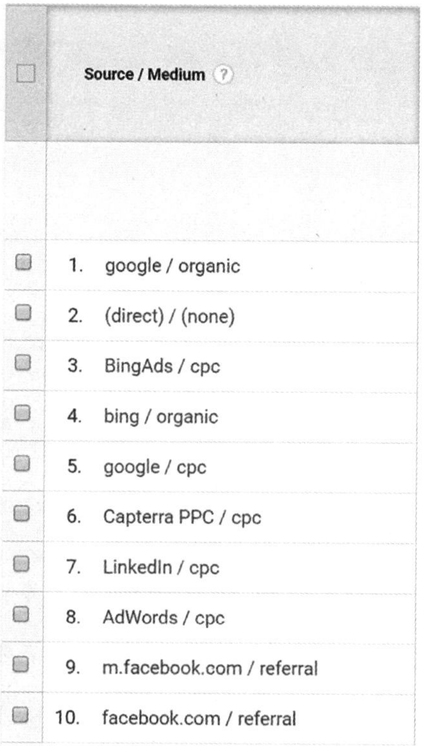

Source / Medium
1. google / organic
2. (direct) / (none)
3. BingAds / cpc
4. bing / organic
5. google / cpc
6. Capterra PPC / cpc
7. LinkedIn / cpc
8. AdWords / cpc
9. m.facebook.com / referral
10. facebook.com / referral

图 8-8　在 Google Analytics 中不正确运用标签的示例

量数据，客户将不能依赖任何一个标签获取该渠道有关流量的汇总数据。

工具在数据收集方面也有一定的特性，这也是应该考虑的。例如，Google Analytics 能够将大写文本与非大写文本识别为相同的文本。LinkedIn 的来源标签和 linkedin 的来源标签在 Google Analytics 中被识别为不同的来源（见图 8-9）。

Source / Medium	Acquisition
	Users
	8,116 % of Total: 1.47% (552,218)
1. LinkedIn / cpc	**4,781** (58.58%)
2. linkedin / cpc	**3,379** (41.40%)
3. linkedIn / cpc	**1** (0.01%)

图 8-9 在 Google Analytics 中不正确运用标签的另一个示例

在规划和实施标签或开展其他数据收集工作时，重新审视我们的量化营销活动框架并考虑我们稍后在流程中需要哪些测量也很重要。正如量化营销口号所倡导的那样，作为市场人员的最终目标应该是为企业的整体收入做贡献。为了真正了解活动如何影响收入，我们需要跟踪活动数据，直至销售完成并进行收入登记。对许多市场人员来说，这意味着跟踪营销工具之外的归因，直到销售 CRM。只有当销售可以准确归因于一个或多个营销活动时，市场团队才能够知道哪些活动成功地影响了收入。

如第 5 章所描述的，建立数据制度对市场和销售至关重要，这可确保收集的数据准确可用。在将线索分配给销售人员之前，市场团队中入站营销工作还必须采用整个市场团队共享的数据制度，以防止数据不一致。

3. 整个活动中的测试和实验

当我们收集整个活动的数据时，我们能够看到活动随着时间推移的表现。并非每个活动一开始都带来巨大成功，即使那些看起来表现良好的活动也可能会有进一步的改进，从而提高性能。在整个活动中不断进行测试和实验是验证活动是否成功的唯一方法。

需要注意的是，“为了测试而测试”不被鼓励。相反，测试和实验的方式应该像科学界的测试方式。总的来说，科学家基本上不会在没有目标——一个假设——的情况下进行测试。每个测试或实验都需遵循一个指导测试的方法论。

提姆·阿什是两本登录页优化著作的作者，也是网站转化率优化（CRO）领域的先驱。他告诫道，当我们沉浸在数据驱动的世界中时，我们最终可能会在市场部门中推广和激励错误行为。阿什分享道：“我有一个客户曾经将CRO描述为‘泳道’——‘你有SEO、PPC、附属公司和CRO’。但如果你把它看作一种基于仪表盘并测量你进行了多少测试的战术活动，那么你完全没有抓住重点。”为了执行测试而进行测试不会帮助你获胜。衡量测试速度根本不是在测试什么重要的事项。阿什继续说道：“你真的需要做一个经济学的测试。”无论你选择运行什么测试，都需要展示真实的ROI，否则，你为什么要进行这些测试？

当然，我们的目标是不断改进我们的活动，以改善经济成效。作为一门学科，科学需要持续的改进。“科学”一词的定义本身就包含实验和测试的概念：

> 通过观察和实验对物理和自然世界的行为和结构进行系统研究的智力和实践活动。

因此，科学方法被开发为一种不仅可以用于观察和实验的系统，而且还可以用于消除可能影响研究人员确定准确和真实结果的认知偏差和假设。科学方法通常由六个基本步骤组成：提出问题、假设、实验、数据分析、结论、重复。

就像科学家可能对预期结果持有认知偏差一样，市场人员也可能对他们希望相信的基于活动执行的结果持有认知偏差和偏好。因此，量化营销活动框架的大部分内容都参照了科学方法的步骤，以帮助消除在流程中市场人员存在的潜在偏见。

测试或实验是科学方法的一个关键组成部分，同样在市场营销中，测试和修正也需要改进结果的必要条件。量化营销活动框架可帮助市场人员通过持续改进实现业务目标。长期以来，企业一直将持续改进模型应用于组织的各个部分。广受欢迎的六西格玛模型就使用了持续改进来实现高效率，从而消除产品和流程中的缺陷。传奇 CEO 杰克·韦尔奇（Jack Welch）将六西格玛模型纳入通用电气的业务战略，据报道这一做法为公司节省了超过 120 亿美元的运营成本。

其他组织通过另外的商业模式实现持续改进也取得了成功。丰田公司以“丰田模式”（丰田精益管理方法与生产体系）持续改进流程而闻名。Kaizen（持续改善）是该系统的一个关键组成部分，这是一个日语词，意思是“为了更好而改变”，它已被应用于包括商业在内的许多领域，以促进持续改进。通过应用 kaizen，丰田实现了更高的资源利用效率，在丰田沙特阿拉伯的案例中，丰田无须投资新设施和增加安装人员来满足需求的增长，从而节省了 333 万美元。

Kaizen 以科学方法为模型，这是一个经过验证的过程，包括系统的观察、测量和实验，以及假设的制定、测试和修改。Kaizen 和科学方法的基础原理也可应用于市场营销，以鼓励组织持续改进实现我们的企业市场营销目标。同样，量化营销活动框架不仅涉及市场策略的执行，还涉及根据我们的企业市场策略和企业目标对这些策略进行持续改进。

意识到会有失败固然重要，但更重要的是从失败中学习，这有助于我们改进市场营销工作，这就是科学方法对科学的作用。并非所有假设都会得到证实，许多人都会失败。第一次尝试就达到目标的情况并不常见，这就是我们进行测试和修正的原因。作为市场人员，就像科学家一样，我们必须学会接受失败的现实，从而实现改进。

在小吉姆·哈肖（Jim Harshaw, Jr.）的播客《从失败中获得成功》（*Success Through Failure*）中，他从体育的角度探讨了商业和生活中失败与成功之间的联系。哈肖是前 I 级全美摔跤手和弗吉尼亚大学的前 I 级主教练，并在全国宣讲失败推动成功的力量。他的播客系列对许多著名的摔跤手、市场人员和商业领袖进行了采访。哈肖指出，商业领域就像体育领域，任何领域的持续改进都依赖于寻找失败：

> 你日复一日地工作。不是一天，也不是一周，而是只要有必要，就能得到你想要的结果。这并不容易。没有什

么值得做的。

但你必须寻求失败。

失败教会了我们需要改进哪些内容。

失败是任何成功人士的共同经历。

失败是任何成功的运动员、团队、商业领袖或组织必须寻求的一个要素，作为持续改进的工具。

专业知识与该做什么和不该做什么一样重要，我们通过尝试和失败来获得专业知识。

多年前，我（珍妮特）是在线调查公司 WebSurveyor 的数字化营销总监。与许多软件服务公司一样，我们的企业和市场战略目标是将更多网站访问者转化为我们产品的免费试用者。我们都知道免费试用会引起购买行为，从而带来收入。

但是，对网站访问者在访问时希望如何与网站交互的问题，我们有许多先入为主的概念。与当时许多网站一样，我们的主页上有多个号召性用语：新闻、事件、案例研究、用户指南等（见图 8-10）。“免费试用注册”很容易被主页上的其他主题所淹没。由于主页是我们整个网站访问量最大的页面，我们如何才能将更多主页访问者转化为免费试用注册者？

这种情况需要运用 A/B 测试[①]。A/B 测试或对比测试是有 A 和 B

① A/B 测试是为 Web、App 界面或流程制作两个或多个版本，在同一时间维度，分别让组成成分相同（相似）的访客群组（目标人群）随机访问这些版本，收集各群组的用户体验数据和业务数据，最后分析、评估出最好版本，正式采用。——译者注

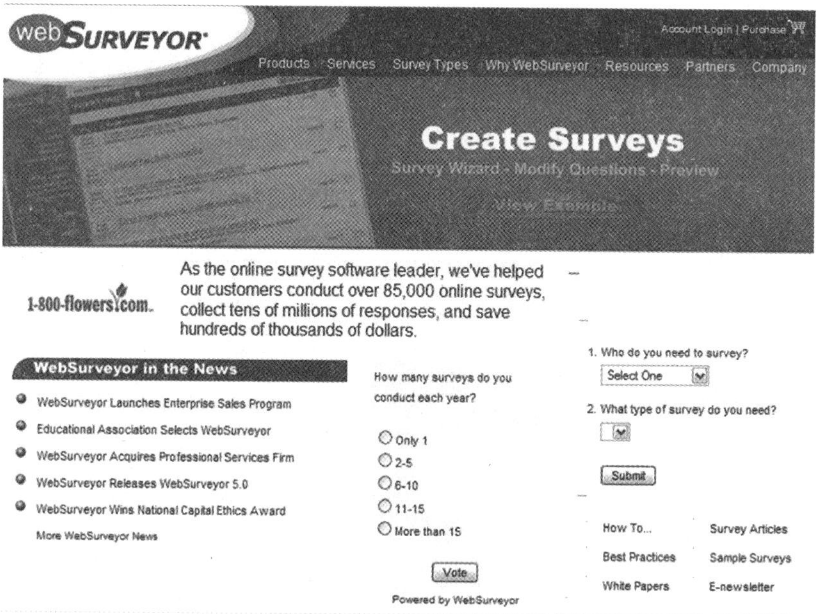

图 8-10　WebSurveyor 的初始主页

资料来源：Web Surveyor.

两个变体的测试。A/B 实验能测试这样一个假设：使页面设计更简单和更易于浏览是否可以增加主页访问者的免费试用注册量。

当时，微软一直在开展一项市场活动，标语是“你今天想去哪里？”我发现这个标语很适合放在主页。在我看来，一个网站的主页更像是一个目录，它能带你去你想去的地方。通常，我们大多数人不打算在主页上结束我们的网站之旅，我们会主动寻求比主页提供的更深入的信息。

我决定在我们的主页上使用“你今天想去哪里？”进行 A/B 测试（见图 8-10 和图 8-11）。由此制作一个比当前主页简单得多的第二版主页，使网站的下一步访问清晰、简洁。最终效果就是下面的测试主页（见图 8-11）。新主页上线后几天，我们公司的创始人兼首席技术官把我叫到他的办公室，他对新主页的设计感到不满意，让我马上把它撤下。我告诉他我尊重他的感受，但我们 A/B 测试的数据表明，修改后的主页在推动新的访问者免费试用注册人数方面，比原始主页高出 50%。

图 8-11　WebSurveyor 的测试主页

最后，首席技术官同意保留新主页。但是，如果我没有检验我的假设，没有明确准确的数据来支持我的理论和论点，他就不会同意这样的做法。他和许多人一样，持有一种内部偏见，认为传统的主页是最好的模式。但这一假设并不成立，测试让我们能够确定这一点。

并非所有 A/B 测试都会带来巨大、彻底的改变，如测试两个不同的网站主页。虽然一些测试可能很微不足道，但也会产生有意义的影响。CRO 是一个系统的过程，旨在提高响应特定号召网站访问者的百分比。在营销大师赛斯·高汀（Seth Godin）的著作《大红毡帽：如何使网站更好》（*The Big Red Fez: How to Make Any Web Site Better*）中，他将网站上寻找信息的网站访问者比作寻找香蕉的猴子。如果访问者无法在你的网站上快速找到香蕉，那么访问者将离开该网站去其他地方寻找。CRO 能测试各种元素，帮助你更容易在网站上找到香蕉（行为召唤）。

有时，一些简单的东西，如仅仅是颜色的行为召唤都可以影响其在页面上的可见性。如果行为召唤的颜色与页面的颜色混合，则它不一定会在页面上那么显眼。我们的一位客户，只是将按钮颜色从白色更改为了蓝色就对转化率产生了巨大的影响，这个改变使得邮件列表订阅量增加了 363%。

还记得之前关于未执行内容的示例吗？图 8-12 显示了内容如何产生自然搜索流量但没有带来网络预订，这之间需要进行转化操作。

尝试测试的新方法以鼓励网络预订和帮助内容会带来很多网站访问者，然后将这些访问者转化为线索以实现其使命，为实施 CRO 测试提供了一个理想的机会。

无论在网站上执行什么测试，你都需要从目标开始。就像科学方法在进行科学实验之前形成一个关于结果的假设一样，营销人员也必须知道他们希望通过测试达到什么目的。阿什还创立了战略 CRO 机构 SiteTuners。当他和他的团队与客户进行测试和实验时，

Landing Page	Acquisition			Behavior			Conversions Goal 1: Web Booking		
	Users	New Users	Sessions	Bounce Rate	Pages / Session	Avg. Session Duration	Web Booking (Goal 1 Conversion Rate)	Web Booking (Goal 1 Completions)	Web Booking (Goal 1 Value)
	292,854 % of Total: 10.66% (2,747,113)	283,387 % of Total: 10.37% (2,732,304)	317,664 % of Total: 8.85% (3,588,444)	88.45% Avg for View: 56.84% (55.62%)	1.23 Avg for View: 2.35 (-47.90%)	00:00:44 Avg for View: 00:02:07 (-65.66%)	0.02% Avg for View: 2.11% (-98.82%)	78 % of Total: 0.10% (75,704)	$0.00 % of Total: 0.00% ($0.00)
1.	18,134 (6.08%)	17,890 (6.31%)	18,910 (5.95%)	95.25%	1.06	00:00:19	0.00%	0 (0.00%)	$0.00 (0.00%)
2.	12,841 (4.30%)	12,504 (4.41%)	13,861 (4.36%)	95.13%	1.08	00:00:25	0.00%	0 (0.00%)	$0.00 (0.00%)
3.	12,274 (4.11%)	12,065 (4.26%)	12,891 (4.06%)	91.03%	1.16	00:00:29	0.00%	0 (0.00%)	$0.00 (0.00%)
4.	11,505 (3.86%)	11,369 (4.01%)	12,324 (3.88%)	80.66%	1.28	00:01:02	0.00%	0 (0.00%)	$0.00 (0.00%)
5.	9,825 (3.29%)	9,660 (3.41%)	10,630 (3.34%)	93.77%	1.10	00:00:26	0.00%	0 (0.00%)	$0.00 (0.00%)
6.	9,379 (3.14%)	9,013 (3.18%)	9,940 (3.13%)	94.87%	1.09	00:00:28	0.00%	0 (0.00%)	$0.00 (0.00%)
7.	8,884 (2.98%)	8,295 (2.93%)	9,581 (3.02%)	87.17%	1.21	00:00:49	0.00%	0 (0.00%)	$0.00 (0.00%)
8.	8,467 (2.84%)	8,388 (2.96%)	9,322 (2.93%)	89.29%	1.19	00:00:45	0.00%	0 (0.00%)	$0.00 (0.00%)
9.	8,367 (2.80%)	8,072 (2.85%)	8,712 (2.74%)	79.38%	1.53	00:01:21	0.00%	0 (0.00%)	$0.00 (0.00%)
10.	8,345 (2.80%)	7,713 (2.72%)	8,762 (2.76%)	87.71%	1.19	00:00:49	0.00%	0 (0.00%)	$0.00 (0.00%)

图 8–12　自然搜索流量不一定带来网络预订

他们提了三个关键问题："我们试图优化的指标是什么？每个人都必须达成一致。我们将如何衡量成功？成功是什么样子的？"

除了绩效表现出变化之外，测试还可以帮助公司做出根本性的转变，这不仅可以提高转化率，还可以增加客户的收入和提高客户的生命周期价值。例如，也许测试一个产品更低或更高的价格会增加销售额。阿什分享道："你可以在定价、商业模式、你要求的信息量以及你如何安排这些要求方面进行优化。"同时，市场部门在组织中的作用和实现其总体目标的方式不仅仅是简单地测试转化率，还可以成为帮助企业学习和进行整体改进的战略合作伙伴。

阿什分享了一个与他合作的一家大型房车租赁公司的故事。他们有一份 17 页的在线租赁合同——长达 17 个屏幕。阿什要求他们描述租赁过程中发生的事情。客户接着描述了租客如何在网上填写合同，租用房车的时候租赁代理会带着租客围绕房车四周进行检查，针对安全问题对租客进行培训，然后将其打印出来并签署最终协议。阿什意识到，在租赁发生前 80% 的过程不需要签订长期合同，因为租赁代理已经亲自做了很多事情。

阿什提出了一项根本性的商业模式变革。他建议改掉这 17 页在线合同，转而使用预订系统，该系统的内容包括：有多少人会去，你要在哪里取车和还车，以及你将在何时何地取车和还车？这样的转换实际上并没有改变他们销售的东西，但它使他们与客户的互动过程变得更容易、更便捷。

最后，以正确的方式进行正确的测试不仅可以帮助公司提高营销绩效，还可以改善业务的经济成效。这些变化可能会超越市场部门的传统销售角色，甚至延伸到业务的最基本要素——业务模式、流程和定价。

8.3 分析阶段

分析阶段会运用到我们在活动中建立的所有内容，并开始分析与活动绩效相关的衡量标准。然而，分析不仅仅是从平台上照搬数字，如转化率、线索来源等。真正的分析是使用指标来简化复杂性——确定数据在告诉你什么。分析阶段有三个关键点：归因、关键绩效指标和 ROI。

1. 正确地归因线索和销售以进行准确分析

归因的重点在于如何分配活动的贡献，这应由市场团队确定并被作为所有活动的标准。归因无处不在，涉及活动的所有方面和所有类型的活动。

但是，实践中正确地归因可能非常困难。首先，正确地归因需要市场团队与其他业务利益相关者之间就哪种归因模型最能代表业务的实际结果达成共识。

归因模型有很多种，大致分为三种类型：单源、多源（也称为部分归因）和算法。归因模型的类型反映了将贡献归因于信息线索来源的方式。单一来源归因模型将所有线索贡献分配给单一来源，通常是影响客户的第一个线索来源（第一次接触）或影响客户的最后一个线索来源（最后接触）。多点归因模型在多个营销来源之间分配贡献，跟踪在买家旅程中影响客户的每个线索来源。算法模型使用统计建模和机器学习推导转换概率。

根据 Ascend2 2018 年 7 月"衡量营销归因"的研究，虽然 81% 的市场人员意识到衡量营销归因非常重要，但许多人仍在使用基本的归因模型，这可能会造成误导性数据和误导性分析。更令人惊讶的是，Bizible 2018 年渠道状况的报告指出，近 44% 的市场人员仍然使用单点归因模型，超过 1/4 的市场人员根本没有利用归因模型。这相当于超过 72% 的市场人员没有衡量购买者旅程中所有内容和活动的有效性。

通常许多组织默认使用单点归因模型。许多活动平台和衡量工具通过标准设置鼓励使用单点归因模型。但单点归因，如最后交互归因，往往过多地将线索贡献分配给特定类型的营销内容和渠道，从而忽略了早期渠道阶段的贡献。

Google Analytics 提供了一份有用的报告，其中含有各种线索渠道有效性的归因模型。我们决定检查所有客户的市场渠道，看看哪些渠道在最后接触或多点接触归因模型中更常见（见图 8–13）。

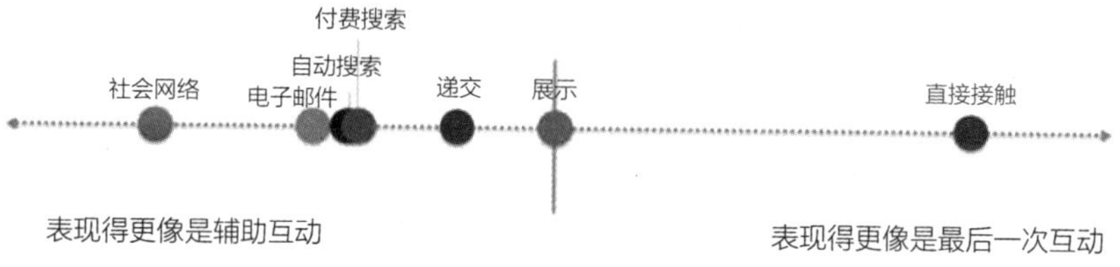

图 8–13　在归因图中不同渠道处于一方会比另一方更普遍的示例

我们的客户数据显示，许多市场渠道更多地充当了初始线索转换的辅助角色，而不是最终的线索转换来源。如果我们仅通过最后接触归因来衡量，那么我们大部分营销内容和市场活动在此模型中被认定无效，即使它们在买家旅程中确实有助于实现转化。在最终评估中，单点归因模型忽略了很大一部分影响买家旅程的线索贡献，从而产生了误导性指标。

无论选择哪种模型，确保整个买家旅程中正确跟踪归因都是极其重要的。当潜在买家在旅程的各个步骤中受到不同的活动影响时，市场人员必须准确记录这些接触的归因以反映活动对旅程的影响。如果实施得当，这种方法可使市场人员一致而准确地了解活动影响并更好地衡量活动是否成功。

在一个客户的案例中，我们正在进行一项付费搜索活动。广告受访者被引导进入公司的网站，他们将填写联系页面上的表格，该表格通过营销自动化系统进行过滤。虽然我们的团队清楚地看到了 Google Ads 平台中广告受访者填写联系表的转化，但客户报告显示没有来自 Google Ads 的线索。经过深入调查，我们发现联系表单有一个隐藏字段，将线索来源重置为“网站”，这意味着我们所有付费搜索访问者以及从其他营销渠道访问该页面的访问者线索来源都被表单覆盖了。

你的营销自动化系统中可能存在正确跟踪归因的其他潜在陷阱。许多营销自动化工具都有允许市场人员设置的“规则”功能，“规则”不仅包括如何分配或处理即将到来的线索，还包括如何分配线索来源和其他字段。例如，营销自动化平台可以指定付费搜索登录页特定页面的任何线索来源为“付费搜索”。

医疗软件客户端的问题不在于表单上的隐藏字段，而在于营销自动化系统中的规则集。通过网站联系表单页面获得的每条线索都归因于“网站”，而不是根据营销自动化系统的规则定义原始、正确的线索来源，该规则将“网站”的线索来源分配给联系表单的所有线索。

请密切关注这些归因错误。如果你定期从多个来源提取数据并进行比较，就应该能够发现大部分可能发生的错误。但是，你需要定期仔细地审查以确保归因数据被正确跟踪。不正确的归因数据会导致误报和漏报，并可能会让你将市场预算花在实际上看起来不那么成功的渠道或活动上。

同样，与市场活动实施中的许多步骤一样，我们可能还需要来自市场团队之外的数据源的数据。显示线索资格、机会和创收的 CRM 数据与准确的归因跟踪相结合，不仅让市场团队知道哪些活动成功地产生了线索，而且产生了最终的销售和收入。了解活动对创收的影响有助于市场人员在投资、调整或取消活动方面做出更明智的决定，因为这些活动与企业的最终目标——创收相关。

2. 确定关键绩效指标并分析市场活动的成功与否

著名管理顾问彼得•德鲁克说：“如果不能衡量，就无法管理。”如果没有明确定义我们寻求的结果，我们如何分析我们的数据并知道我们的活动是否成功？

关键绩效指标（KPI）是可量化的衡量标准，表明线索将转化为销售并产生收入。每个组织都会根据自己对线索行为价值的衡量来设置关键绩效指标。例如，关键绩效指标可能是填写联系请求或演示请求。这些行为将清楚地表明一个潜在客户对购买产品或服务的兴趣。

活动开始之前就应确定关键绩效指标。正如提姆·阿什在有关测试度量的类似实例中所分享的那样，我们需要在我们的活动开始之前制定关键绩效指标并使关键绩效指标获得认同。然而，eConsultancy 的报告称，57% 的市场人员很少在活动启动前确定关键绩效指标。

在确定关键绩效指标时，请务必保持理智。访问者在你网站上采取的每项行动并非都是关键指标，有时你认为应该作为关键绩效指标的行动也并不全都属于好的指标。在我们自己的公司，我们认为博客读者更有可能成为客户，多年来，博客读者的人数众多，我们也在博客上投入了大量时间和资源。

但与所有市场工作一样，内容创作工作（包括博客文章创作）是一项耗费时间、金钱和人力资源的投资。因为我们的客户经理要撰写博客文章，所以每篇文章都意味着客户经理牺牲了对客户一定程度的关注。我们要确定我们的博客是否值得投资，博客真的为我们公司带来了线索吗？

我们检查了 Google Analytics 三年的数据，我们想要回答的问题是：“博客的访问者会转化为线索吗？”换句话说，博客的互动指标是否是表明访问者可能成为线索的关键绩效指标？

如图 8-14 所示，博客在此时间段内带来大量流量。然而，如目标完成度指标所示，这四年中，没有一个博客访问者成为线索。目标完成度指标包括网站上任何类型的转换，需要访问者提供个人数据，以及电子通信注册、联系表单和更重要的转换，如报价请求。

此外，尽管该时间段任何一个国家或地区的大部分博客流量都来自美国，但实际上美国以外的国家或地区占据了大部分的博客流量（见图 8–14）。鉴于我们公司当时没有在国际上开展业务，我们的博客内容虽然很受欢迎，但访问者不太可能成为我们的客户。

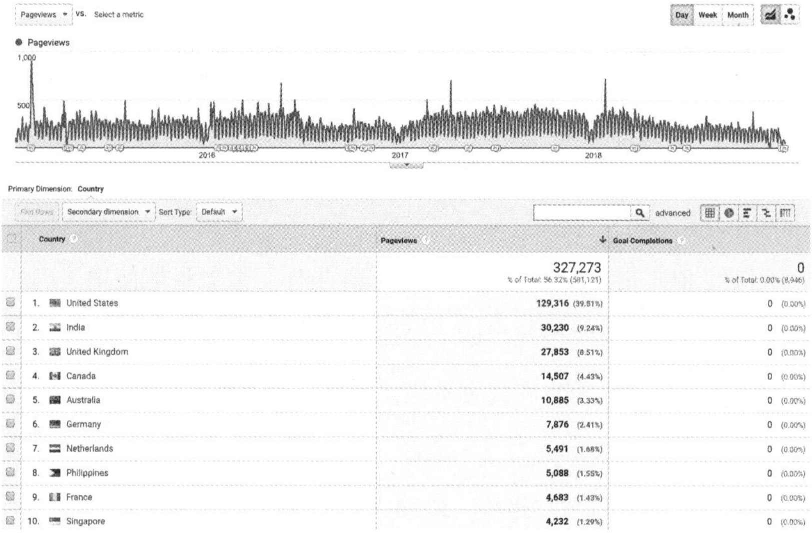

图 8–14　各国家在 Marketing Mojo 的博客流量

最后，数据告诉我们，博客访问量事实上并不是可能转化的指标。了解这些数据有助于我们进一步掌握哪些网站操作是真正的关键绩效指标。此外，它可以帮助分析我们的资源（时间、员工和预算）应该用在哪里，并且在博客的平台中，这些资源可能最适合用于其他什么营销活动和计划。

数字化市场人员还经常依赖数据点作为关键绩效指标，这些数据点可能会，也可能不会真正衡量活动的影响。根据 LinkedIn 对 B2B

市场人员一项研究“投资回报率的长与短”，数字化市场人员倾向于运用点击率（CTR）和每次点击成本（CPC），而不考虑活动的目标是什么。

虽然 CTR 和 CPC 有助于衡量某些活动绩效，但这些作为关键绩效指标的数据点是否准确地衡量了活动目标？如果活动的目标是产生线索，那么 CTR 或 CPC 重要吗？ CPC 是衡量广告客户点击广告的平均成本指标，CPC 与正在生成的线索没有任何联系。然而，在这项研究中，42% 具有线索生成目标的数字化市场人员使用 CPC 作为 ROI 指标。

虽然 ROI 是我们的最终活动结果和目标，但如果能使用正确的指标进行分析，关键绩效指标可以提供对活动绩效有价值的洞察。

3. 衡量创收、ROI 和终生价值，以分析活动如何影响企业

虽然关键绩效指标为我们提供了可能的创收指标，但它们是模糊的而不是实际的创收指标。最终，我们应该衡量活动是否实现了企业和市场策略预期的目标，这也就意味着我们还必须衡量销售指标和创收。

市场人员通过平台和技术得到可用的数据。可分析的也是所拥有的工具和数据之间集成的产物。虽然分析每个内容、每个活动或每个营销平台的 ROI 也许是最终的目标，但你必须从初始转换数据开始。

然而，如今的市场人员还需要确保他们有足够的时间来准确衡量 ROI 结果。由于现有的许多数字工具默认以每月或 30 天为增量单位进行测量，许多数字化市场人员也就以这样的增量单位进行报告。根据 2019 年 LinkedIn 的研究，数字化市场人员通常过快地衡量 ROI。根据调查，大多数 B2B 公司获得新客户的平均销售周期为 6 个月或更长时间，但 77% 的数字化市场人员试图在活动开展的头几个月就衡量投资回报率。

由于 30 天内无法衡量真正的 ROI，数字化市场人员错误地将 ROI 与关键绩效指标混为一谈，而这只表明了短期结果。

在某些情况下，你可能会发现，有些活动是负的 ROI，即它们没有产生收入。在我们的客户 BookCircus 的案例中，我们发现付费搜索广告并没有产生需要的 ROI。大学教科书销售的利润率一般是微薄的，付费搜索广告日益激烈的竞争导致竞价上升，使得一些活动的 ROI 为负。

像 BookCircus 这样的情况对市场人员来说可能非常可怕。对 ROI 负责意味着当某些事情不起作用时，你必须承担后果。这不一定是市场人员的错，但我们有责任改正。修正意味着替代渠道或测试商业模式的变化。但重要的是，我们必须在数据以及活动如何帮助公司方面保持诚实和坦率。

然而，一项活动的 ROI 并不是我们需要衡量的唯一指标。如果一个渠道可以产生很高的终生价值，那么即使一次活动失败，它仍然很有价值。在 WebSurveyor，我们发现虽然 Google 产生了更多的新线索，但 Bing（必应）产生了更高的终生价值。最初市场人员可能会根据初始数字低估 Bing 的表现，因为它没有达到 Google 产生线索或收入的数量。但从长远来看，Bing 实际上更具价值，因为它产生了具有更高终生价值的客户，即那些多年来反复购买我们产品的客户。了解并深入挖掘活动数据可以为你提供像这样的见解。

你的测量和分析可能会被现成的数据所束缚。但正如亚瑟·阿什（Arthur Ashe）的名言所鼓励的那样："从你现在所在的地方出发，用你所拥有的，做你能够做的。"从你拥有的测量平台开始，了解完成分析图所需的活动。做你今天能做的，使用"持续改进"来继续优化和测量输出，从而改进你的分析视图。

8.4 从现在开始行动

如果你要开始使用量化营销活动框架，你可以重新检查现有市场活动或开始新的市场活动。无论哪种方式，首先定义该活动的目标，即以哪种方式为整体企业目标和目的作出贡献。

1. 确定活动目标以及如何对其进行量化衡量

该活动的目标是什么？至少，试着进行某种转换。即使你只获取了一个电子邮件地址，也可通过电子邮件营销、联系人定位广告等进一步联系用户。正如库恩所分享的，"每种类型的内容都应该产生某种类型的转化，即使它只是一篇简单的博客文章。如果你要花时间创建出色的内容，那么目标应该是转化。转化可能只是有人注册了你的博客。你创造了足够的兴趣，他们就会想办法与你互动。"

成功是什么样的？确保你拥有准确的衡量方法，以定量地衡量与目标相匹配的指标。如果要衡量转化率，你可能只需要分析工具，但对于更复杂的活动目标，你可能就需要运用其他工具和资源。确保进行适当的跟踪，以便从一开始就能衡量这些平台的正确归因。

2. 确定目标受众（买方角色）

了解你的受众。他们的人口统计数据特征和痛点分别是什么？这些信息将有助于揭开客户旅程的面纱，以及你需要在合适的时间通过正确的消息接触该受众的内容和渠道。

3. 确定与营销活动和客户旅程相匹配的内容，并选择适合该角色的渠道

一旦了解了你的受众及其特定的购买旅程，请绘制出每个旅程以及该旅程每个阶段所需的内容。选择适合该买家的渠道，并确保内容信息在恰当的时间触达线索。

4. 测量、评估和调整

衡量你的活动效果；定期测量以监控和评估活动绩效；开展 A/B 测试调整活动以提高效率。

第9章

第5步：量化市场部人员配备和文化

微软前CEO史蒂夫·鲍尔默说："任何规模的公司都必须确保公司有正确的领导，有优秀的团队，有能够带领大家在市场中快速采取行动的人。"当市场部门转向量化营销组织时，这句话再适用不过了。

实现市场部门向以收入为中心的转变不是一朝一夕的事情。对市场部门来说，这是一种普遍的技术和文化转变。它涉及一种看待计划和执行营销的全新方式。最重要的是，它要求市场人员接受我们过去可能不愿意或害怕接受的一定层次的责任。不过，通过承担这一责任，我们将赢得公司领导层、销售人员和整个组织的信任和信心。

在本章，我们将研究如何建立量化营销市场团队。它从市场部门领导层将量化营销策略作为新策略开始。我们将分享如何评估你当前的团队，你是与当前的团队成员一起工作还是寻找具有特定技能的新团队成员？我们将介绍如何评估技能以及如何培训和指导各种技能，授权你的团队让他们对数据分析采取行动。现在让我们开始建立你的量化营销市场团队！

9.1 从高层开始：市场总监和市场部领导层

任何深刻的、文化的和系统性的变革都始于组织的领导者。做出改变需要来自最高营销领导层的指导和支持。在 *Martech Today* 的 “DD–CMO 的兴起：数据驱动的市场总监如何做到效率最大化” 中，Jim Yu（2018）宣称，引领这种转变 “不仅意味着需要参考数据点来证实战略决策，更意味着实施严格的流程，与合适的技术合作伙伴合作，并始终关注企业可以真正解决的消费者问题”。

要与团队一起成功领导数字化营销的转变，需要得到市场部最高领导层的支持和认可。在《哈佛商业评论》（*Harvard Business Review*）的《创建数据驱动文化的 10 个步骤》一文中，戴维 • 沃勒提出：

> 拥有浓厚数据驱动文化的公司往往拥有以数据为基础进行决策的高层管理人员，这是正常的，而不是新奇或例外的。他们以身作则……因为想要受到重视的员工必须用高层的条件和语言与高级领导沟通，那么领导层的做法就

会向下传播。高层树立的榜样可以带来全公司规范的重大转变。

市场部领导者为市场团队制定规范，推广并系统化量化营销可确保整个市场团队运用量化营销。

对于市场总监，在整个市场部中采用和执行量化营销将会带来更大的好处：在战略规划上占有一席之地。据福布斯报道，市场部门贡献了 50% 的企业价值，但如今大多数市场总监并未参与公司的战略方向和规划工作。

现在有机会能改变这一现实，通过支持量化营销并向最高管理层提供了解市场部贡献和价值所需的信息，来改变其对市场部及组织价值的陈旧观念。在德勤 2019 年的一项研究中，只有 17% 的高管称在这一年中与市场总监合作过。然而，市场总监有责任去接触最高管理层，与其建立联系并协作。

在建立这种关系的过程中，CEO 们可以成为真正的盟友。在麦肯锡 2019 年的一项研究中，83% 的 CEO 表示营销总监掌握着增长事项。如图 9–1 所示，德勤高管层的调查显示，在所有高管成员中，CEO 对市场总监的评价最高。用可测量的数据向 CEO 说明情况，并让 CEO 作为你的支持者，在公司规划会议中就能获得一席之地。

工具和技术只能带你到这个程度了。你还需要那些遵循市场人员的数据优先原则。正如苹果公司创始人史蒂夫·乔布斯所说："技术是无关紧要的东西。重要的是，你要对人有信心，他们基本上是善良和聪明的，如果你给他们工具，他们会用其做出令人惊叹的

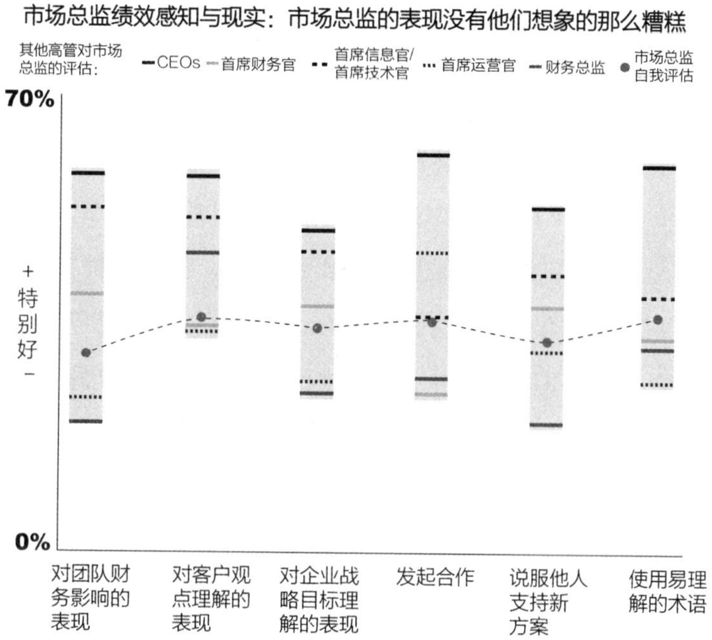

图 9-1　在所有高管中，CEO 对市场总监的表现予以最高评价

资料来源：德勤。

事。”你团队的实力取决于人员，但你的市场团队中是否有合适的人？他们是否能接受分析和持续改进？

首先，你需要评估现有的团队。你当前的团队是否已经具备了适当的技能和思维方式进行量化营销？也许你有一些团队成员可以接受培训以掌握必要的技能，你是否需要雇用新员工来帮助你实现量化营销目标？

9.1.1 评估现有的团队

每年美国国家橄榄球联盟（NFL）在超级碗刚结束时就开始关注下个赛季。2 月下旬，从 NFL 新秀训练营开始，联盟开始举办官方球探活动。来自世界各地的新秀汇聚一堂，参加各种技能挑战，向团队球探和总经理展示他们的能力。虽然球探可能已经看到了大学球员在上个赛季取得的进步，但这种综合训练营能让球员有机会现场展示能力。

接着球探和总经理就会将球员们的数据带回进行回顾和审查，为 4 月的 NFL 选秀做准备。就像棒球界《点球成金》的例子一样，总经理必须通过评估得出他们的团队缺乏哪些技能。他们需要填补哪些职位？四分卫还是防守？团队需要哪些技能才能获胜？进攻线能否保护四分卫？总经理们根据他们的需求和训练营中获得的数据，为 NFL 选秀挑选球员。

在市场团队中，我们面临着同样的挑战。然而，我们的团队通常包含多种类型的成员，市场团队可能包括内部员工、自由职业者和代理机构。随着市场团队将注意力转移到实现业务目标及准确测试和衡量工作上，哪些角色需要改变或填补？我们有哪些人员？他们的技能是什么？他们缺少什么技能？

在数字化营销中，评估团队的技能尤其困难。在评估团队成员及其技能时，请记住：大多数字化市场人员都是自学或在工作中学习技能的。在《学术界数字化营销的现状：对营销课程应对数字颠覆的考察》中，数字化营销领域的教授、前数字化营销从业者斯科特·科里博士和合著者们研究了美国大学中如何对待数字化营销教学。科里的研究调查了美国高等商学院协会（AACSB）认可的所有本科商业课程。在获得认可的529所商学院中，大多数学校（56%）仅提供一两门数字化营销课程，27%的学校未开设数字化营销课程。此外，只有6.3%的学校要求一门营销分析课程作为营销学位的一部分。

应届毕业生的数字化营销培训事实，为市场经理和领导层造成了一个非常现实的问题。随着时间的推移，一些员工可能通过各种经历掌握了强大的数字和数据技能，但培训和辅导的负担越来越多地落于公司和管理层，而不是传统的大学教育。

评估硬技能和软技能

除大学水平都不一定拥有的硬技能外，成为量化营销人员还需要软技能，尤其是批判性思维技能。在全球员工薪酬数据库信息网Payscale 2016年的一项调查中，60%的招聘经理将批判性思维列为应届大学毕业生普遍最缺乏的软技能。《华尔街日报》2017年的一项分析进一步支持了Payscale的发现。《华尔街日报》审查了200所大学新生和四年级学生的标准化考试成绩，发现一些顶级大学的毕业生通过四年大学学习，几乎只掌握了一点批判性思维或根本没能提高批判性思维能力。

作为一名雇主，我在自己的机构聘用了数百名应届大学毕业生，我（珍妮特）也赞同这个调查结论。如今大多数教育者都要求学生背诵和重复事实，这并没有解决学生的问题：缺乏解决问题的能力和批判性思维能力。然而，与硬技能相比，软技能更难进行教授。硬技能可以通过多种方法进行教授，如辅导、培训和领导。然而，越来越多的证据表明，软技能是决定人们培训潜力、学习潜力和可培养潜力的关键因素。

当你为组织的量化营销转型去评估每个团队成员时，请在如下所需的技能组合中寻找硬技能和软技能：

硬技能	软技能
知识和经验 / 专长：	● 好奇心
● 数字平台	● 批判性思维
● Excel	● 解决问题
● 使用分析平台，如 Google Analytics	● 坚韧性
● HTML	● 适应性
● 沟通能力	● 诚实或正直
● 写作或编辑能力	● 调查型思维模式
	● 寻求帮助的能力
	● 成长型思维模式

评估硬技能可能更容易，如果员工了解如何正确使用数字平台或 Excel，则可以通过测试和具体执行就会非常清楚。但是，你如何评估员工的软技能呢？ Zarvana Resources 是一种生产力应用程序，提供培训和辅导服务，它提供了可帮助你评估员工批判性思维能力的宝贵路径图（见图 9–2）。

	初级	发展中	中级	高级	入门
处理	理解并能重新表达提供的说明	全面完成任务（即要求他们完成的所有工作）	以某在职人员的可接受质量水平完成任务	及时完成任务	对如何提升或增加工作提出建议
综合	识别所有重要见解	排除所有不重要的见解	准确评估重要见解的相对重要性	清晰简洁地表达重要见解	识别见解对未来工作的影响
提议	在共享最新信息或征求意见时始终表达提议	对他们提议中的潜在负面因素表示赞赏	对他们提议的几种备选方案表示考虑	以有力、合理的理由支持提议	对不是自己工作的部分提出合理的建议
产出	构思出与他们现在正从事的工作逻辑不一致的高价值工作	想办法回答上司所提出的但其不知道答案的问题	将上司和其他人的愿景转化为能实现这些愿景的可行计划	构思自己的愿景，并以令人信服、易理解的方式表达出来	帮助其他人构思、阐明和改善愿景

图 9-2　Zarvana 批判性思维路径图

资料来源：Zarvana。

在评估员工的硬技能和软技能后，你要将市场团队成员分为三组：

（1）具备所需要的技能。

（2）不具备所需要的技能，但可以接受培训或训练。

（3）不具备所需要的技能且无法接受培训。

第 1 类：具备所需要的技能。已经具备所需硬技能和软技能的人员正是你需要树立的榜样，也是你依据其调整营销组织标准的营销人员。当你用量化营销方法进行培训时，请让他们成为导师和教练以帮助发展其他人。了解每位员工的最大优势，以最大限度地在整体结构和部署中利用这些优势。

第 2 类：不具备所需要的技能，但可以接受培训或训练。当评估团队时，在执行某些任务方面，你可能会发现一些团队成员表现出色，但不能够立即做好开展量化营销的准备。这种情况下，最好制订一个计划来培训和指导这些员工，让他们为量化营销做好准备。特别是，我们发现许多团队成员可以很好地执行任务，掌握特定工具或平台的熟练技能，然而，大约 90% 的人缺乏应对量化营销的软技能。此时你应该培训和指导他们，还是应该与新的团队成员重新开始？

2016 年，美国人力资源管理协会（SHRM）[①] 发现，雇用一名新员工的平均成本为 4 129 美元，耗时 42 天。这是一笔巨大的投资，而这只是培训之前的成本。提高生产力的时间是雇用新员工的另一个隐性成本。在一项调查中，人力资源专业人士指出，员工可能需要长达 8 个月的时间才能充分发挥生产力。作为管理者，如果我们可以通过培训和指导培养原有人才，而不是寻找新人才，那么我们团队取得成功的成本会更低、速度会更快。

为了提高硬技能或软技能，或者同时提高两者，与员工一起讨论改进计划并衡量改进效果非常重要。该计划不一定要像员工通常会持负面看法的绩效改进计划（PIP）那样令人生畏。如果你的组织定期进行绩效评估，则这些评估应为员工制定明确的目标以促进其职业发展。除了在绩效评估中明确说明这些目标外，这些目标还应

---

① SHRM（美国人力资源管理协会，Society of Human Resource Management）是非营利性组织，前身是 1948 年创立的美国人事管理协会，与美国人力资源认证委员会 (Human Resource Certification Institute，HRCI)，隶属相同的专业 HR 协会体系。SHRM 提供相关人力资源管理的教育和信息服务、会议和研讨、政府顾问与媒体传播、在线和出版，服务的对象群包括 CEO、总裁、主席、合伙人和 HR 副总裁、总监等 HR 管理人士，还有主管、咨询专员、首席代表、法律律师，拥有来自全球 140 多个国家的 25 万名专业会员。——译者注

得到具体的、记录在案的培训计划支持，并获得指导和辅导计划的支持。

如果员工缺乏硬技能，这些技能通常可以通过培训、辅导和实践得到提高。如果员工在使用 Google Ads 时出错，Google 会提供全面且免费的在线认证培训。你可以考虑让该员工完成（或重新参加）Google Ads 认证流程并通过认证考试。通过将熟练使用 Google Ads 经验丰富的经理与员工配对并根据需要令其充当导师，以此来帮助指导员工。为员工提供一些 Google Ads 账户并对其进行管理。让经理对员工使用苏格拉底式方法，以确保员工了解 Google Ads 活动的目标以及实现这些目标需要采取的步骤。应该使用什么定位？广告文案的信息应该是什么？行为召唤是什么？

我们发现，大多数有经验的员工并不缺乏硬技能，而是缺乏软技能。出现这种情况的部分原因是大学期间缺乏软技能培训和准备，以及大学毕业后缺乏良好的管理。优秀的经理可以识别员工软技能的优势和劣势，并拥有指导他们获得正确软技能的能力。但与硬技能不同的是，在如何帮助员工培养更好的批判性思维能力方面，经理可能并不总是有明确的方向。回到 Zarvana Resources 的指导方针，一旦确定了员工在关键技能路线图上的位置，你就可以创建有意义的练习，来提高该员工的批判性思维能力（见图 9–3）。

珍妮特经常能识别出执教的机会。例如，在与团队举行月度战略会议期间，她要求团队分享关于该客户上个月积极改进的两个方面以及遇到的两个困难。积极因素使团队能够庆祝成功并确定可能的发展案例研究，这也使团队能够确定我们的机构在过去一个月中

	初级	发展中	中级	高级	入门
处理	在开始工作之前，要求他们重新表述你给他们的每项任务	要求他们将任务分成若干个子任务，并在其工作之前，批准这些子任务	展示高质量工作的示例，并让其了解他们工作的不同之处	要求他们估计每个子任务所需的时间，并将每个子任务添加至他们的日程表中	要求他们分享关于下一步该做什么或怎么做会更好的思考
综合	为他们提供大量低风险的综合工作机会	让他们重新审视并删掉他们所写的综合报告或总结的25%~50%	让他们做资源有限的思维实验（例如，如果在5分钟内只能分享一个观点，会怎么样）	在提供最新信息时，要求他们先以简洁的方式分享见解；如果他们不这样做，就打断他们	要求他们对内部、低风险的团队会议进行总结
提议	在回答他们的问题前，先问问他们是什么想法	在他们为赞成自己的提议表明理由后，请他们为反对自己的提议提出理由	当提出建议时，要求他们按照推荐的顺序提出2~3个建议	让他们以视觉方式表达其提议背后的逻辑（例如，以逻辑模型的形式）	在团队会议期间，询问他们对他人工作的看法，并让他们回答其他人的问题
产出	告诉他们为团队、项目和（或）组织保留一份想法清单，并定期分享	当你在工作中遇到困难时，委托他们解决该问题	仅分享你对项目的愿景，让他们制订一个计划，将愿景变成现实	定期向他们提问：你希望这个部门或组织在1年、3年内发展得如何	要求他们指导经验较少的新领导者

图 9-3　Zarvana 批判性思维培养训练

资料来源：Zarvana。

为该客户提供的价值。然而，会议的真正关键是挑战部分，当团队分享他们可能遇到的困难时，作为高级市场人员，珍妮特会帮助他们构思想法，找到问题的根源以及思考可能的解决方案。

最近有一个新毕业生加入我们的机构，在为数字广告客户举行的几次战略会议上，当他陈述上个月的积极影响时，他经常强调客户在上个月的广告展示量有所增加。虽然更大的展示量确实意味着该客户的品牌曝光度更高，但我们是否为客户创造了价值？或者增加的展示量仅仅只是客户当月增加预算而导致的？

作为一名刚毕业的大学生，他从未真正被教育过平台和活动支出是提升展示量的主要原因。他还没有真正意识到价值指标对客户的重要性。客户真正关心的是什么？可能不是展示次数的多少，而是我们如何提高转化率和降低每次的转化成本。这时候就存在培训和指导机会，不过通常只是在当下简单地指导硬技能和软技能。

第3类：不具备所需要的技能且无法接受培训。不要让美国人力资源管理协会提供的有关培育新员工成本和时间的数据惊吓到你，以免对属于第3类的团队成员做出艰难的决定——那些不具备所需技能且无法接受培训的人。就像在《点球成金》中描述的一样，有时我们必须裁掉不再适合我们团队未来的成员。正如比利·比恩告诉学徒彼得·布兰德的那样，解雇不是针对个人，“这是工作的一部分”。

鲍勃·普里切特在他的《今日解雇某人》（*Fire Someone Today*）一书中分享了他不得不解雇员工约翰的故事。他曾尝试将约翰调到公司所有可能的部门，但约翰似乎无法在他担任的任何职位上取得成功。普里切特知道他必须解雇约翰，但他担心约翰如何生存。约翰将如何支付账单和养家糊口？最后，在普里切特做出解雇约翰的痛心决定后，他发现解雇实际上激励了约翰评估自己的生活并激励他追求加入政府部门的梦想。普里切特写道：“我愚蠢地希望为约翰负责，在我清楚他来错了地方后，我居然阻止了他追求真正的梦想长达一年之久。”

解雇员工从来都不是一件容易的事。但是，如果你知道团队成员不合适，市场团队和员工最好能意识到这一点并做出必要的改变。

9.1.2 聘请合适的团队

在组建量化营销市场团队时，你可能需要将内部资源和外部资源结合起来。Spear Marketing Group 2019 年对 10 000 多名 B2B 市场人员进行调查的报告结果如下：

（1）为我们自己的空缺职位找到合适的人员变得更加困难。

（2）公司将我们（以及其他服务提供商，包括承包商和自由职业者）视为雇用全职员工的临时和永久替代方案。

如图 9–4 所示，受访者还表示，目前最难雇用到的人才类型是营销分析。

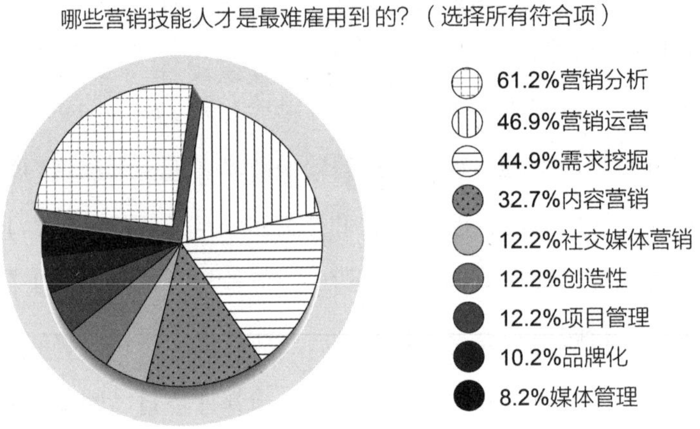

图 9–4　营销分析是最难招聘的职位

资料来源：Spear Marketing Group–2019 年报告。

与代理机构合作可以帮助填补那些组织难以招聘到的内部营销人才和技能缺口人才。请考虑增添一个代理机构来完善团队，尤其是为你需要特定专业技能或知识的领域。

1. 培训团队

一旦组建了合适的团队，你就需要对他们进行掌握量化营销方法的培训，包括上一章中展开描述的营销框架。这意味着帮助团队重新构建他们当前应用的营销方法并采用新的方法和新的思维方式。在《哈佛商业评论》关于创建数据驱动文化的文章中，戴维·沃勒提出：“创建基于数据的企业的最大障碍不是技术方面，而是文化方面。只是描述出如何将数据融入决策过程非常简单，可对员工来说，要使这成为常态甚至是自动化的事要困难得多，思维模式的转变带来了艰巨的挑战。”你如何改变已有的营销思维方式？

2. 获得正确的思维模式

科学家迈克尔·法拉第说：“没有什么比自以为是的人更可怕的了。”即使是我们当中最有经验的人也需不断学习和发展。正如成长和终身学习对科学家探索新发现而言是极为重要的一样，营销人员在其职业生涯中不断改进工作也至关重要。

1988 年，卡罗尔·德韦克（Carol Dweck）博士提出了一个研究模型，该模型是关于心态对追求和实现绩效目标的影响。德韦克提出了两种基本的思维模式：固定型和成长型。在固定型思维模式下，个人希望展现聪明才智，遇到挑战会退缩，忽略有用的负面反馈，并认为他人的成功是一种威胁。结果，那些具有固定型思维的人更早地停滞不前并且没有充分发挥其潜力。相反，具有成长型思维的人乐于接受挑战，遇到挫败依然坚持，从批评中学习，从他人的成功中汲取教训和启发。最终，那些拥有成长型思维的人取得的成就更高。

在面试求职者时，我们向面试者提出的常见问题之一是“你为什么想在这里工作”，以此了解我们公司对他们的吸引力。当然，我们经常得到已经被他们包装好的答案，可我们正在寻找的是对我们的公司和工作真正表现出兴趣的人。在对我们公司搜索引擎优化的入门级职位面试中，我（珍妮特）向面试的大学生提了这个问题。他的回答是："作为搜索引擎优化方面的专家，我想把我的专业知识带到公司。"

虽然这可能是一个对某些公司具有吸引力的综合答案，但该学生正在面试搜索引擎优化机构的职位，并且正在接受一位具有20多年经验的搜索引擎优化专家的面试。于是我们结束了这场面试。这个学生本科还未毕业，就已经认为自己是搜索引擎优化方面的专家了。他的回答使我们确定他的搜索引擎优化思维模式是一种固定型思维。

人们表现出的心态品质可能会随着活动的不同而改变。但作为市场人员，接受成长型思维以充分发挥我们和团队的潜力来实现目标，这一点至关重要。那么我们如何在营销中改变思维方式呢？关于改变思维方式的多个原因表明，人们必须愿意接受新的挑战。使用一个既定流程（如科学的方法）并将其作为市场部门中的一部分内容能够推动变革。

如果我们重新查看量化营销成熟度模型（见图9–5），你会注意到最成熟的量化营销市场团队已经实现了数据优先思维模式。他们寻找机会进行测试，验证他们的假设，并且这种思维模式在市场团队中无处不在。

变革始于高层。你如何创造一个以促进营销增长和塑造数据优先思维模式，并采用科学方法等既定测试流程的环境？创造一个接受失败并从中学习的环境是关键。请记住，成长型思维能接受挑战

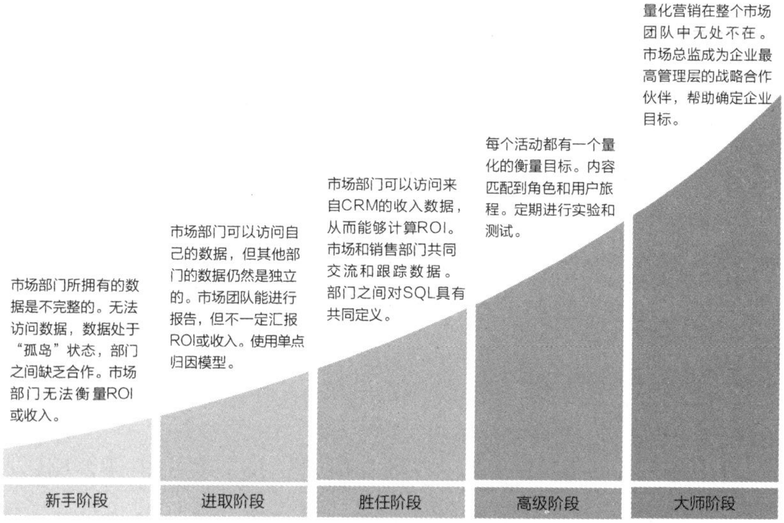

图 9–5　量化营销市场部门成熟度模型

并从批评和失败中学习。通过营销领导者推动以及鼓励和教导团队的方式，营造出一个鼓励这种学习的环境。

想一想创立美国知名内衣品牌 Spanx 并成为亿万富翁的女性萨拉·布莱克里（Sara Blakely）所分享的方法，她将自己的成功部分归功于她父亲每晚会问她的一个问题。一些父母会欣然地问他们的孩子，“今天过得好吗？”或“你在学校学到了什么？”但这不会发生在布莱克里家中，萨拉和她哥哥每晚不得不回答的问题是：“你今天做什么失败了？”

当没有失败的事情回答时，布莱克里的父亲反而会感到失望。“他所做的是为我和哥哥重新定义失败，”布莱克里告诉美国有线新闻网（CNN）的安德森·库珀（Anderson Cooper），“失败不是最后结果，不去努力才是失败。这迫使我在年轻时想要将自己推离舒适区。”

好消息是，我们的大脑实际上有一个系统，可以在任务执行过程中下意识对微小失败做出反应，并将这些微小失败与改进直接联系起来。事实上，一项研究发现了更明显的联系，这项研究的对象是那些累计平均成绩高的大学生，当失败发生时，他们的大脑会发出信号，因此他们可以调节和改善他们的持续表现。

3. 招聘新员工

近十年来，珍妮特一直在谷歌在线营销挑战赛中担任客座讲师和指导营销本科生。该挑战赛是由 Google 主办的官方竞赛，为大学生提供 Google Ads 平台来为实际客户提供服务。在为期 21 天的比赛中，学生们获得了高达 250 美元的 Google Ads 积分，用于为他们的客户开展活动并学习如何使用该平台。

作为挑战的一部分，学生们撰写了一份活动前的战略文件和活动后的总结。这两份文件分别在为期 21 天的营销活动前后完成编写，帮助学生规划他们的目标，然后评估这些目标是否真正实现。不可避免地，考虑到学生在设定数字化营销目标方面经验不足或没有经验，许多营销活动前的战略文件内容都抱有非常高的、不切实际的期望。有些本科生之前甚至可能没有计算过 ROI，导致收入预期被严重夸大。

在一份关于冰沙吧的报告中，该团队表示他们将通过这些活动产生以下结果：

曝光次数	10 000
平均在线广告点击率	2.0%
平均点击成本	$ 0.40
预算	$ 250.00
销售额	$ 875.00
投资回报率（ROI）	250%

冰沙吧中最贵商品的价格是 8.75 美元，这意味着团队期望实现以下结果（灰色为推断数据）：

曝光次数	10 000
平均在线广告点击率	2.0%
点击次数（曝光次数 × 平均在线广告点击率）	200
平均点击成本	$ 0.40
预算	$ 250.00
实际支出（平均点击成本 × 点击次数）	$ 80.00
销售额	$ 875.00
假设的转换次数——最低值（销售额 / 产品价格）	100
假设的转换率（转换次数 / 点击次数）	50%
假设的成本 / 转换（实际支出 / 转换次数）	$ 0.80
投资回报率（ROI）	250%

虽然学生们确实正确地计算了 ROI，但他们将 875 美元作为收入预期，对于为期三周的活动和 250 美元的预算来说这个数字过高了。他们将如何衡量实际收入？他们怎么知道是他们的活动产生了收入？

这个例子说明了为什么类似的实践活动对市场营销学生有帮助。我们的机构与学生团队合作完成他们的项目，并向他们提供他们在课堂上可能没有获得的经验，帮助他们改善逻辑和衡量标准的不足，使他们充分了解与数字广告相关的企业目标。在我们指导学生挑战赛的十年中，詹姆斯麦迪逊大学的团队两次获得全球顶级比赛奖，四次获得美洲比赛奖。

正如我们之前在斯考特·科里对商学院的研究中所描述的那样，商学院很少提供一门数字化营销课程。不要假设你雇用的本科或研究生员工已经从他们的课程中学会了必要的数据分析，能将数据转化为有用的数据信息。就像我们在 Google 挑战赛中经历的，这个小组成员仍然需要进一步的培训和指导，以了解对企业而言重要的衡量标准以及如何现实地评估这些衡量标准和目标。他们只是没有背景或经验来了解如何进行这些预测或评估其意义，这就是为什么他们需要营销领导者来进一步培训和指导他们，从而实现量化营销方面的成功。将新员工与成功的经理和团队成员配对，能为他们提供获得成功的最佳机会。

在招聘新员工时，经验确实就是一切。但是，请注意，你不能将简历上列出的多年经验等同于知识和成功。在添加新的市场团队成员之前，应先评估他们的数据测量经验。针对候选新成员的经历以及其开展了什么工作并如何改善业务成果这些方面，向他们提出具体的问题。虽然你可以根据市场团队成员过去的表现和感知到的专业知识来聘用他，但要知道，在量化营销过程中，你可能仍然需要指导和培训这些所谓经验丰富的新员工。

9.2 与市场团队一起将量化营销系统化

确保在整个市场部门的量化营销过程中，向成员们灌输需要系统性变革的理念。我们运用了三个主要步骤来帮助团队采用和接受量化营销方法。

1. 沟通和培训

市场团队理解量化营销流程及其目标是极重要的；与你的市场团队共享数据和量化营销活动框架；关注框架是如何具体改变当前流程的；讨论量化营销的重要性以及它会给组织和市场团队带来什么益处。

培训不仅仅是做一个幻灯片演示。优质的员工培训包括沟通和教育，以及实践和掌握。有些培训可能要通过第三方来提供，如针对各种平台的认证培训。但是，其他培训可能就需要你组织中的自定义方法。

2. 建立文档化的流程

为了继续巩固量化营销，你需要采用在培训中涉及的框架，并将其融入市场流程中。这既增强了框架的重要性，又让团队成员每天积极地使用框架。通过使用项目管理工具，我们已经能够做到定制和规定每个客户团队每个月的特定任务。项目任务列表类似为该客户完成的项目清单。随着时间的推移，使用这种形式的文档化流程也可以得到加强。

无论你是使用项目管理工具创建流程清单还是采用替代方法，

都要找到记录流程的方法，并按团队成员角色定义其在该流程中的职责。例如，内容营销团队成员可能负责市场活动框架的内容阶段，但不能凭空创建这些内容资产以实现量化营销。内容营销人员还必须与团队的战略规划人员和数据分析师共同分担任务，以确保他们在活动框架中的工作在整个活动工作中取得成功。

3. 将期望和数据整合到员工评价中

将某些衡量标准纳入员工评价可以将该衡量标准延伸到员工目标。通常这种方法可以用来评估硬技能，并进行定量测量。此外，在审查期间设定量化目标并记录这些目标也十分重要。例如，加入我们 Google Ads 管理团队的应届大学毕业生必须在一定期限内获得 Google Ads 认证。我们设定这个目标，与员工讨论，并在下一次绩效评估期间审查该目标的进展状态。

但是，目标的定量测量也应该匹配到你希望在营销组织中创建的思维模式。例如，为了围绕 A/B 测试和实验对思维模式进行转变，可以考虑将此衡量标准加入员工评价。设置特定目标，如要运行的 A/B 测试的目标数量，以鼓励测试思维。

相对而言，评估软技能一般是更定性的。对这些技能，你可能想通过 360 度反馈得到整个团队的反馈。我们通过调查软件使用了一个反馈表，允许不同团队成员为该团队成员的各种软技能（如批判性思维）进行评分。然而，并非所有员工都知道如何提供有效和有用的反馈。为了解决这个问题，我们使用《提供有效反馈》（*Giving Effective Feedback*）一书为员工进行了反馈培训。

管理大师彼得·德鲁克曾经说过："如果你不能衡量它，你就无法改进它。”无论采用何种方法，想要将量化营销活动框架的要素纳入员工发展和评价中，以强调其重要性并评估其采用和改进情况。

9.3 为你的市场团队赋能

最好的领导者会赋予他人权力。一旦你在量化营销过程中组建并培训了团队，重要的是让他们能够对他们的分析采取行动。

2018年，“福布斯洞察”发布了一项名为“数据对战歌利亚”的研究，调查了年收入超过10亿美元的全球公司企业高管，这些都是非常成功的大公司，拥有正确投资的能力。54%的受访高管表示，他们的愿景是员工因通过分析发现机会并采取行动的行为会获得奖励。此外，47%的受访者表示，理想的数据驱动型企业能够让所有员工成为数据分析师，同时在制定数据驱动型决策时只需较少的监督。

一旦市场团队接受了量化营销方面的培训，建立（重建）了流程并创建了团队衡量标准，市场团队就可以在较少的监督下应对量化营销活动。然而，这并不意味着市场部领导者可以建立一个团队并应该完全取消监督，相反，管理层仍然需要在审查和批准数据驱动的决策方面发挥作用。某种程度上，这再次为经验丰富的经理提供了在员工发现数据错误或冲突时对其进行指导的机会。这项“福布斯洞察”调查中的绝大多数高管也只允许在征求经理意见或获得批准后对数据洞察采取行动。

在为员工授权时，可以考虑在此过程中向数据优先流程添加审查和咨询步骤。赋予员工权力并不等同于忽视他们和他们的工作。相反，以正确方式进行的主动管理可以赋予员工权力并引导他们得出正确的结论。作者布鲁斯·图尔甘（Bruce Tulgan）在其《你还在用错误的方式管人》（*It' s Okay to Be the Boss*）一书中提出了一种方法，我们也将该方法运用于我们组织中。优秀的员工始于优秀的管理者，图尔甘的方法建议每天积极管理员工。我们在他的方法基础上进行了调整，员工仍然会与他们的经理举行简短的日常会议，以确保他们走上正轨。我们每月还会开展一次战略会议，让作为机构负责人的珍妮特能够听取每位员工的意见并评估他们对客户数据的掌握情况。同时，这些战略和经理会议为高级员工提供了当下指导员工的机会，引导员工得出正确的数据结论和确保他们采取正确的行动。

无论采用何种管理流程，请确保定期积极地管理员工，这将帮助你不断评估他们的技能，并让你在他们采取行动之前帮助他们实现改进。

9.4 从现在开始行动

要让组织拥有量化营销思维，请从以下三个步骤开始。

1. 与最高管理层建立伙伴关系

要真正实现量化营销，你需要了解组织的目标。除此之外，量化营销为市场部门和市场总监提供了使其成为增长领袖和实现组织目标整体战略关键贡献者的一个机会。通过将最高管理层置于你的战略及规划中，并与他们分享对每位同事而言都重要的指标，你将获得组织的信任、认可和支持。

2. 建立你的数字化市场团队

评估你的团队。他们是适合实施量化营销的团队吗？如果不是，那么差距在哪里？评估团队并对成员进行分类，以了解哪些团队成员可以领导量化营销计划，哪些需要接受指导和培训。当组织明显缺乏所需技能时，请雇用新员工，并考虑采用内部和代理机构结合的方法，以确保随着数字化营销的快速发展，组织始终能拥有最新的专业知识和技能。

3. 将量化营销方法制度化

通过沟通和培训，教育和告知团队有关量化营销的知识；通过流程的变化来强化和开展量化营销；跟踪进度并通过员工目标的设定和审查持续强调量化营销方法的重要性。

结 语

如今，市场部门要完成在数字市场中竞争和获胜的任务，其经常因短期的失利而受到不公平的评判，同时面临着巨大的压力。总监的同事通常不会将市场部门视作制定公司增长战略的部门。组织已经开始用首席增长官（CGO）取代市场总监，但仅仅是“增长”一词存在于职位名称中，并不能保证真实的增长结果。

作为市场人员，我们宣扬“数据驱动”营销已经有很长时间了。本书提出的许多概念似乎都是常识，但如果这些概念如此简单，为什么市场人员还没有这样做呢？主要原因有两个：我们很忙而且很困难。如果很容易，那么可能每个人都已经这样做或正在这样做了。但是现在，你已经获得了专注和执行量化营销活动的特定框架，这让你可以专注于正确的人员、流程、技术、数据和思维模式，以此实现业务目标。

通过改变市场营销方法并将量化营销应用于人力、流程、技术、数据和思维模式，你将开始让市场部门及其工作从成本中心的观念转变为收入中心观念。市场人员必须开始与最高管理层使用一种共同的语言，并报告那些对每位高管来说都很重要的指标。请记住，大多数高管关注的是价值指标，而不是数量指标，你的财务总监并不关心你在 Instagram 上收获的点赞数量，他在意的是创收。

使用这种通用语言也意味着市场人员不能假定他们与销售团队的关系很好。销售和市场团队常常认为他们是一致的，但收入衡量结果表明他们没有自己想象的那么一致。与组织的其他成员一样，可让销售团队参与你的市场计划。与销售人员密切合作，制定客户旅程各阶段的共同定义。确保销售人员可以提供你需要访问的关键数据，以匹配业务目标并查验 ROI 和创收。

一旦定义了需要的数据，你就需要评估当前的营销技术堆栈是否可以为你提供所需的洞察。整理你的堆栈以及找到所需数据的位置。弄清楚你拥有什么？哪些漏洞会阻止你去衡量你想要的数据以及获取的方式？在收集数据时，请注意可能存在的偏见，如确认偏差。两组数据看上去具有相关性并不意味着一组数据肯定会导致另一组数据。

由于我们必须审查并与利益相关者共享所有数据，我们不仅要考虑共享哪些数据，还要考虑如何共享这些数据。我们需要用数据为受众编织一个引人入胜的故事。请考虑如何可视化地呈现数据，以确保它被检查、理解和接受。

团队中的人员是实现量化营销转型的关键。正如《点球成金》向我们展示的那样，拥有合适的团队并不意味着一定要投入大量资金，而是将重点转向那些拥有正确硬技能、软技能和思维模式来解决工作的人员。你需要具有批判性的思考者——经常问“为什么”的人。你也许还需要外部专家（如代理商）来帮助你建立一个可以顺利坚持量化营销原则的混合团队。一旦你的团队就位，就可以将数据优先方法通过培训、辅导、流程和员工评价纳入组织。

遵循量化营销活动框架。这是你的团队执行市场活动的要素指南，将正确的数据放在战略、计划和执行的最前沿。量化营销并不意味着你必须放弃创造力和美感，相反，它有助于团队将他们的创造力引导到一个共同的目标来集中创意。谨防形式重于功能，正如我们 Finish Line 示例所描述的（参见第 7 章），漂亮的网站并不总是等同于有效的网站。将你的工作匹配到与销售人员共同定义的销售和市场渠道。创作大量内容而不将其匹配到客户旅程只是在浪费时间和金钱。

回顾一下，以下是你现在开始行动的方法：

（1）理解并接受企业目标。

（2）重新建立销售和市场部门的关系。

（3）制订关键指标的报告计划。

（4）了解你需要针对这些关键指标报告哪些数据。

（5）匹配和评估当前的数据源，以确保你可以访问所需的报告数据。

（6）确定数据访问中存在的漏洞并解决这些问题。

（7）确保从一个报告期到下一个报告期的市场指标保持一致。

（8）尝试图形 / 可视化样式。

（9）保持试验。

（10）始终聚焦最终目标——企业目标。

（11）确定每个活动的目标以及在开始活动之前如何对其进行定量测量。

（12）为活动确定正确的目标受众或买方角色。

（13）确定与活动和客户旅程相匹配的内容，并选择适合该角色的渠道。

（14）衡量、评估和调整你的活动。

（15）与最高管理层建立联系并塑造合作伙伴关系。

（16）以量化营销的思维模式建立市场团队。

（17）在整个组织中将量化营销方法制度化。

正如剧作家萧伯纳所说："没有改变，就不可能会有进步。无法改变想法的人，什么事情也改变不了。"持续改进既是一种思维方式，也是一种执行方式。营造测试环境，测试一切。以团队自身为基准，不断努力取得进展，以实现业务目标并最终实现 ROI 和收入。

即使你是一家小公司，你也可以做到这一点。事实上，你可能更敏捷，能够快速采取行动。想想贫穷的奥克兰运动家球队，他们不能够负担起重量级选手，但他们利用数据的优势，与美国职业棒球大联盟中一些资产最昂贵的阵容竞争。同样，你也可以使用量化营销。

你已经准备好了你需要的东西。我们会一直支持你。

现在朝着量化营销出发，去获得胜利吧。

后 记

当我们开始写这本书时，尽管“数据驱动”一词开始受到越来越多的关注，但其在市场营销中还没有被广泛使用，这种现象不只是出现在大型 B2C 公司。在我们现在所处的世界危机中，“数据驱动”无处不在。科学家、州长、新闻播音员等更多人会利用数据来证明他们的行为、做出预测并解释世界状况。

对我们所有人来说，这是一堂关于数据力量的混合速成课程——既能误导人，又可以说明问题。前几天我们看到一张图表，它似乎显示，有一个州的冠状病毒病例数量呈爆炸式增长，尽管有这样的数据，该州依然要开放美发店、文身店和保龄球馆。新闻主播用这张图片来说明他在表达什么，作为观众，我们应该会相信它。这似乎是在告诉我们：“我有一张图表，所以它一定是真实的。”

这张图困扰我们的地方在于：它的标记方式使观众无法看到实际数字，因此我们不知道数据所使用的比例。这是从 1 到 100 还是从 1 到 2 000 的指数增长？在这种情况下，绝对的数字而非显示的趋势肯定会影响观众对“数据驱动”决策的看法。与此同时，该州州长一直说他正在听取医生和科学家的意见，并使用数据来做决定。那会是真的吗？他指的是什么数据？显然，他知道他需要用数据来证明自己的行为是正确的，但我们都在学习的一件事是，仅仅参考或展示数据是不够的。

在此期间，我们还收到了一封来自某家人力资源公司未经请求的销售电子邮件，主题为“成本 –52%；生产力 + 73%；你还能想要什么？”电子邮件中没有解释这些数字的真正来源——也许是一项研究或案例研究。仅仅抛出一些数字就足够说明该销售例子的失败。

在营销和生活中，数据本身是没有用的，数据讲述的故事才重要。对我们所有人来说，危险在于，我们从故事开始，然后用数据进行匹配。

为了能够讲述可信的故事，你必须信任你的数据。智能温度计是用公共卫生的数据来举例说明的好例子，它与一款集中共享数据的手机应用程序配对时，可生成实时数字“热力图”，提供有关潜在冠状病毒暴发的信息。假设温度计读数准确，那么随着时间的变化这些数据可以与同一地区的读数进行比较，以显示重要的趋势，从而为政府官员和医院提供激增的需求预警。

最后，我们都需要成为数据更好的消费者，而作为市场人员，我们都需要成为更好的数据“守护者”。根据数据讲述正确的故事，这样你就能通过数据驱动做出产生影响的决定。

致 谢

来自珍妮特

撰写一本书一直是我的目标，十五年来我一直在研究这本书的概念。在此过程中，有许多人帮助我打造这本书。

首先感谢我的父母。因为我的父亲在 Sperry Univac 工作，我很幸运地拥有了市面上第一台个人电脑。家里的这款设备培育了我对技术的热爱。我要感谢我的父母给了我这份礼物，并一直鼓励我学习和做更多的事情。他们一直是我最大的支持者和粉丝。

如果我在青年和成年时没有培养出自信，那么我也不会写出这本书。作为一个女孩，我是女童子军的一名成员，该组织培养了我的信心，我相信这是我成年后立足社会的一个基础。我感谢这个组织在当时给予我的一切，让如今的我成为女童子军的一名领导者、培训师和终身会员。令我兴奋的是，这个伟大的组织如今在向女孩们传授技术和数据知识——这样下一代年轻女性在进入成年期和选择职业时将拥有数据基础。

另一个我需要感谢帮助我增强信心的人是我的朋友兼导师汤姆·鲁克（Tom Lueker）。作为市场人员、程序员和企业家，汤姆教会了我很多东西。我与汤姆的一次关键对话点燃了我内心的火焰。当他在 WebSurveyor 担任市场总监时，我找到他谈论一个搜索引擎会议，并告诉他我想参加这个搜索引擎会议，我渴望向他人学习。汤姆告诉我："你应该在这次会议上发言，而不仅仅是参加。你应该搞清楚是什么让这个小组的人比你更专业。"我从未忘记那次谈话。它促使我创办了自己的数字化营销机构，并成为这些会议的演讲者，也促成了这本书的创作。汤姆，谢谢你帮助我，让我看清我能为世界提供什么。

我还要感谢那些给我机会的人，那些相信我，并且多年来一直是我的朋友和支持者的人。感谢 Pubcon 的创始人布雷特·塔布克（Brett Tabke）给了我第一次演讲的机会，并从那时起就一直支持我。感谢丹尼·苏利文（Danny Sullivan），他也为我提供了很多演讲机会和为搜索引擎天地（Search Engine Land）写作的机会。感谢我在 MarketingProfs 的朋友们，多年来他们一直是支持我的团体和平台，让我可以分享专业知识，谢谢你们。

当我开始写这本书时，我向许多出版过书的朋友寻求建议。感谢安·汉德利，多年来她一直是我的朋友和支持者，她在我走上这条路时提供了许多见解。感谢安迪·比尔，感谢你多年来的友谊以及对本书和出版过程的指导。感谢提姆·阿什，他在此过程中慷慨地提供了时间、建议和专业知识。安、安迪和提姆，我非常珍惜与你们的友谊。

非常感谢我为撰写本书采访过的所有优秀专家：阿黛尔·雷维拉、阿尼·库恩、吉姆·哈肖和 杰夫·格雷戈里。你们每个人都通过分享自己的专业知识为本书提供了很多价值。

多年来，对我的许多合作者、客户和同事，你们每个人都教给了我新的经验教训，并帮助我创新和改进。谢谢你们。

最后，撰写一本书并不是一项简单的任务。这是一项巨大的工作，这段过程中充满了压力。感谢我的合著者朱莉娅，她与我一起努力将我们的愿景变为现实。我真诚地感谢你的建议和指导。我还要感谢我所有的朋友和家人在整个过程中支持我、鼓励我并让我继续前进。我尤其要感谢我最好的朋友帕特里夏·德尔克·默瑟，她一路陪伴着我，一直是我的啦啦队队长。

来自朱莉娅

我是一位要出版书籍的作者！

我得把它打印出来。撰写一本书是一项艰巨的任务。好吧，我应该澄清一下，开始一本书很容易。自从我第一次想到“我应该写一本书”以来，这些年来我似乎已经在意识层面创作了十几本书。但真正能将想法付诸实践才是关键。总有一个你想补充的想法，一个你想讲述的故事，为了让我们走上正轨，我要感谢我们约翰·威利父子出版公司（Wiley）友善和知识渊博的团队——布莱恩、克丽丝、维基和所有的制作人员。在这样关键的时代出版一本书是一项巨大的成就。珍妮特和我曾讨论过自助出版和其他类型出版商的利弊，但最终，约翰·威利父子出版公司是我们的第一选择，我非常感谢在我的第一本书中能得到他们的指导！

对多年来告诉我应该写一本书的许多朋友：我确实在听。你们几乎所有人都认为这不是我会写的书，但我仍然感谢你们每个人总是相信我可以做到并反复鼓励我，告诉我应该这样做。现在谈谈你们认为我应该写的书。

致娜塔莉·罗伯（Natalie Robb）——在这本书还未成形之前，我就与这位拥有丰富经验的市场人员兼伟大数据科学家进行了许多精彩的讨论。她对营销数据分析的力量和重要性的绝对信念坚定了我的信念，我感谢她对我开始创作本书所做的贡献。

致我的合著者——珍妮特，我们彼此认识多年，我们一起经历了大部分的数字化转型"成长"。非常令人满意的是，我们能够一起写一本书，提炼出我们来之不易的知识。我非常敬佩她能经营自己的企业，更重要的是，她真诚关心每个员工的晋升道路。为了这本书的写作和研究（特别多研究），她花费了大量时间和牺牲了自由，我感谢你，珍妮特，没有你我不可能做到。

最后，致在这个过程中我征询意见的朋友们，我很确定在你们没有参考框架时，却还要讲述一个关于数据或营销的故事，有过怀疑的时候，可是你们却微笑着完成了这件事，因为你们想做的就是支持我。我爱你们，感谢你们。